CON SENTIDO DE DESTINO

La mejor manera de vivir

SIXTO PORRAS

WHITAKER
HOUSE
Español

Editado por: Ofelia Pérez

Con sentido de destino
La mejor manera de vivir
© 2022 por Sixto Porras

ISBN: 978-1-64123-865-6
e-Book ISBN: 978-1-64123-866-3
Impreso en los Estados Unidos de América

Whitaker House
1030 Hunt Valley Circle • New Kensington, PA 15068
www.whitakerhouseespanol.com

Por favor, envíe sugerencias sobre este libro a: comentarios@whitakerhouse.com.

1 2 3 4 5 6 7 8 9 10 **UH** 29 28 27 26 25 24 23 22

DEDICATORIA

Mi mamá llegó hasta 6to grado de la escuela, y fue abandonada por su mamá cuando era niña. En su adolescencia se convirtió en madre y, en medio de tanta dificultad, se levantó para escribir una historia diferente porque Jesucristo se cruzó en su camino y cambió su destino.

Cuando éramos niños vivíamos todos en un mismo cuarto, el piso de la cocina era de tierra, la plancha era de carbón y el baño quedaba fuera de la habitación donde dormíamos. En medio de todo esto, los domingos íbamos a la iglesia y, al declinar el día, ella nos leía la Biblia y orábamos.

Su fe en Dios, su espíritu de servicio, su corazón compasivo y su alegría inspiraron nuestras vidas; ella nos formó como personas que tenían destino. Nunca dejó que el pasado la dominara porque Dios sanó su corazón.

Por eso, dedico este libro a mi mamá, la que nos mostró el camino de la fe, la que nos dijo que los sueños se harían realidad y la que anticipó todo lo que hoy vivimos. Partió con Dios hace más de 33 años y su vida nos sigue inspirando.

AGRADECIMIENTOS

Al escribir este libro, quiero agradecer a mis compañeros de *Focus on the Family* porque por más de 25 años me han permitido soñar, crear, innovar y aprender al lado suyo. Todo lo hacen con excelencia, toman mucho tiempo para planificar, saben reconocer cuando se equivocan y toman decisiones que permiten que el ministerio mantenga el curso. Hemos superado los momentos difíciles, y nos hemos mantenido fieles al llamado que Dios nos hizo hace más de 40 años.

Gracias por permitirme ser parte de este gran equipo, y por darme el espacio para ser un soñador de cosas mejores al lado de ustedes. Gracias por disimular mis errores, y por permitirme soñar junto a todos ustedes.

ÍNDICE

INTRODUCCIÓN

Al escribir estas líneas, pienso en la historia de José y sus hermanos. En ellos corría sangre real, y no lo sabían; de cada uno de ellos se escribiría una historia extraordinaria, y no lo sabían; una de las tribus de Israel se levantaría de sus lomos, y no lo sabían. Los hermanos de José se comportaron como personas comunes, mientras que José vivió con sentido de destino. A José lo sostuvo el sueño que latía en su corazón, los valores fuertes que había adquirido desde niño y la convicción de que su vida tenía un destino definido en el cielo.

Por eso, quien vive como lo hizo José, vive con sentido de propósito, aprovecha cada oportunidad al máximo y sabe esperar el cumplimiento de la promesa. La historia la escribe quien camina tras aquello que lo inspira, lo desafía y saca lo mejor de su corazón.

Siempre vamos a encontrar obstáculos, decepción, momentos difíciles, desánimo y quienes lo critican todo. Pero estos son los momentos cruciales de la vida, porque, aunque deseamos rendirnos, desistir, abandonar y darnos por vencidos, debemos continuar hasta el final. Si perseveramos e insistimos en aquello a lo que hemos sido llamados, y nos volvemos a levantar, contemplaremos la gloria de Dios y veremos realizado lo que se nos prometió. Dios siempre nos sorprende con cosas mejores y más grandes de lo que podemos imaginar. Por eso, persevere hasta el final y escriba una historia con la que pueda inspirar a quienes le aman y siguen sus pasos.

LA HISTORIA LA ESCRIBE QUIEN CAMINA
TRAS AQUELLO QUE LO INSPIRA,
LO DESAFÍA Y SACA LO MEJOR DE SU CORAZÓN.

1

EN DIOS TENEMOS DESTINO

Yo anuncio el fin desde el principio; desde los tiempos antiguos, lo que está por venir. Yo digo: Mi propósito se cumplirá, y haré todo lo que deseo. Del oriente llamo al ave de rapiña; de tierra distante, al hombre que cumplirá mi propósito. Lo que he dicho, haré que se cumpla; lo que he planeado, lo realizaré.
—Isaías 46:10-11

Dios ve el fin desde el principio. Nosotros vemos el pasado, los dolores, las traiciones, nuestros miedos y complejos, pero Dios sabe cuál será el final, y será un final bueno para quienes lo aman. Por eso es necesario soltar lo que ya no existe y enfocarnos en el destino que Dios ha preparado para nosotros. Hagamos todo con sentido de propósito y destino.

Dios sigue buscando valientes que le crean y sigan fieles al llamado que late en sus corazones. La historia que vivimos no se improvisa, Dios la ha planeado para nuestro bien desde antes de nacer. Nos otorga Su cuidado y Su guía para que tengamos la fuerza suficiente y superemos las circunstancias que vivimos. Dios sabe cuál será el final de nuestra historia, y actúa constantemente a nuestro favor para que Su propósito se cumpla.

Dios conoce todas las cosas, las ha planeado y preparado, y provee para que se cumplan a Su tiempo. Él afirma: *Porque yo sé muy bien los planes que tengo para ustedes —afirma el Señor—, planes de bienestar y no de calamidad, a fin de darles un futuro y una esperanza* (Jeremías 29:11). Dios tiene planes maravillosos para cada uno de nosotros. Estos pensamientos deben producirnos esperanza, paz y una gran expectativa por el futuro. Incluso si pasamos por momentos difíciles, debemos confiar en la providencia de Dios para tener esperanza de que el dolor momentáneo producirá un eterno peso de gloria y cumplirá Su propósito.

Tal y como lo dijo José a sus hermanos que lo habían vendido como esclavo porque lo odiaban y lo envidiaban: *Es verdad que ustedes pensaron hacerme mal, pero Dios transformó ese mal en bien para lograr lo que hoy estamos viendo: salvar la vida de mucha gente* (Génesis 50:20).

Pensar que toda esa historia comenzó cuando José tenía 17 años y les contaba a sus hermanos los sueños que tenía:

Cierto día José tuvo un sueño y, cuando se lo contó a sus hermanos, estos le tuvieron más odio todavía, pues les dijo: —Préstenme atención, que les voy a contar lo que he soñado. Resulta que estábamos todos nosotros en el campo atando gavillas. De pronto, mi gavilla se levantó y quedó erguida, mientras que las de ustedes se juntaron alrededor de la mía y le hicieron reverencias. Sus hermanos replicaron: —¿De veras crees que vas a reinar sobre nosotros, y que nos vas a someter? Y lo odiaron aún más por los sueños que él les contaba.

(Génesis 37:5-8)

Unamos nuestros pensamientos al pensamiento de Dios. El futuro debemos vivirlo con expectativa y confiadamente, porque está en las manos de Dios y no depende de nuestros temores y circunstancias. El futuro está en las manos de Dios. El destino es el plan diseñado en el cielo que lleva nuestro nombre, y es imposible lograrlo si Dios no se cruza en nuestro camino.

Necesitamos comprender el proceso, obedecer sin discutir, disciplina absoluta y depender de Dios hasta el final. *Obediencia* es renunciar a todo, con tal de lograr aquello para lo cual hemos sido alcanzados. No se necesitan recursos, solo obedecer. Los recursos son el resultado de la bendición de Dios, la provisión divina, el regalo que viene del cielo. Los recursos nos alcanzarán a nosotros porque vienen de la mano de Dios, como lo describe la parábola de los talentos.

Es Dios quien pone en nuestras manos lo que debemos administrar, lo que debemos decir y el destino al que debemos ir. Dios proveyó al pueblo de Israel lo suficiente para pasar a través del desierto. Dios proveyó a José y a María para que viajaran a Egipto y se refugiaran ahí. Dios proveyó a David y a Salomón para la construcción del templo. Fue Dios quien permitió que Ester llegara a ser reina y salvara al pueblo judío de la destrucción. Es Dios quien provee los recursos, pone ángeles en el camino y facilita las circunstancias. A nosotros nos toca aprovechar cada oportunidad al máximo y comprender que lo que vivimos es voluntad divina.

Lo dicho a Josué es también para nosotros:

Sé fuerte y valiente, porque tú serás quien guíe a este pueblo para que tome posesión de toda la tierra que juré a sus antepasados que les daría. Sé fuerte y muy valiente. Ten cuidado de obedecer todas las instrucciones que Moisés te dio. No te desvíes de ellas ni a la derecha ni a la izquierda. Entonces te irá bien en todo lo que hagas. Estudia constantemente este libro de instrucción. Medita en él de día y de noche para asegurarte de obedecer todo lo que allí está escrito. Solamente entonces prosperarás y te irá bien en todo lo que hagas. Mi mandato es: "¡Sé fuerte y valiente! No tengas miedo ni te desanimes, porque el Señor tu Dios está contigo dondequiera que vayas". (Josué 1:6-90)

OBEDIENCIA ES RECORRER EL CAMINO SEÑALADO Y PERSEVERAR HASTA EL FINAL.

Muchas veces no se observa nada en el horizonte; Solo hay limitaciones, obstáculos y miedos, pero conforme Dios se revela a nuestra vida, crece la fe y la ilusión nos apasiona. Por eso, caminamos en obediencia y no por vista. Obediencia es recorrer el camino señalado y perseverar hasta el final.

¿QUÉ NOS DETIENE?

• *NOS DETIENE QUEDARNOS ATRAPADOS EN EL DOLOR, PORQUE NOS LLENAMOS DE RENCOR.*

> *Tenme compasión, Señor, que estoy angustiado; el dolor está acabando con mis ojos, con mi alma, ¡con mi cuerpo!* (Salmos 31:9)

Ten compasión de mí que estoy angustiado, ansioso y adolorido, lo dice el salmista. Lo reconoce y se lo dice a Dios, porque es el único que en esos momentos difíciles nos puede sostener, animar y ayudar. Dios es quien nos conoce y solo Él puede cambiar nuestro lamento en esperanza y gozo. Si retenemos el dolor más del tiempo necesario nos robará toda la fuerza. El dolor está acabando con mis fuerzas, dijo David. *De angustia se me derrite el alma: susténtame conforme a tu palabra* (Salmos 119:28). Cuando la Palabra de Dios es nuestra fortaleza, salimos renovados, afirmados y animados.

• NOS DETIENEN LA QUEJA Y LOS LAMENTOS.

La vida se me va en angustias, y los años en lamentos; la tristeza está acabando con mis fuerzas, y mis huesos se van debilitando. (Salmos 31:10)

Dejemos de quejarnos y de lamentarnos; es tiempo de alabar a Dios y creer que nuestras vidas están en Sus manos. No podemos seguir por la vida viviendo como mendigos emocionales, como víctimas de los errores de los demás o llenos de culpa por lo que vivimos hace mucho tiempo. Dios quiere levantarnos de nuevo, y lo hará cuando asumamos la actitud correcta y nos sacudamos el lastre que nos tiene paralizados.

• NOS DETIENE AISLARNOS Y VIVIR EN UNA SOLEDAD AUTOIMPUESTA.

Vuelve a mí tu rostro y tenme compasión, pues me encuentro solo y afligido. (Salmos 25:16)

Dios quiere que seamos parte de una gran familia; no podemos escribir una gran historia si nos aislamos de los demás y nos dejamos sumergir en una soledad autoimpuesta. Hemos sido llamados a ser parte de una comunidad. Intégrese y déjese influenciar por personas buenas. La

soledad es devastadora. Cuando Lázaro enfermó, Marta y
María enviaron un mensaje a Jesús:

> *Un hombre llamado Lázaro estaba enfermo. Vivía en
> Betania con sus hermanas María y Marta. María era
> la misma mujer que tiempo después derramó el per-
> fume costoso sobre los pies del Señor y los secó con su
> cabello. Su hermano, Lázaro, estaba enfermo. Así que
> las dos hermanas le enviaron un mensaje a Jesús que
> decía: «Señor, tu querido amigo está muy enfermo».*
>
> (Juan 11:1-4, NTV)

Todos debemos tener amigos cerca a quienes llamar
en los momentos de necesidad, de consejo y ánimo. Qué
significativas estas palabras: *Tu amigo, el que tú amas, está
enfermo.* Las preguntas que surgen son: ¿Quién es su amigo?
El que le acompaña en los momentos difíciles. ¿Quién ora
por usted cuando tiene necesidad? Aquel que le cubre en
secreto solo porque le ama y es su amigo. ¿Quién le aconseja
cuando enfrenta dificultades? El que le ilumina el camino
con sabios consejos. ¿Quién le anima cuando está decaído?
Esa persona que nos levanta las manos cuando el cansancio
nos vence o la angustia nos toma.

Todos necesitamos amigos del alma, porque dos resisten
más que uno, y cuerda de tres hilos no se rompe fácilmente.

Así lo afirma el sabio Salomón: *Uno solo puede ser vencido, pero dos pueden resistir. ¡La cuerda de tres hilos no se rompe fácilmente!* (Eclesiastés 4:12).

Jesús tenía un grupo de discípulos de 70. Entre ellos tenía 12 amigos muy cercanos a los que llamó *discípulos*, y luego les dijo que ahora eran sus amigos. Y entre ellos tenía a tres que eran sus amigos más íntimos. Todos caminamos al lado de otras personas; pero es indispensable que tengamos amigos del corazón para levantarnos las manos los unos a los otros, aconsejarnos y animarnos mutuamente.

Dios dijo que no es bueno que estemos solos.

• *NOS DETIENE LA AMARGURA.*

Asegúrense de que nadie deje de alcanzar la gracia de Dios; de que ninguna raíz amarga brote y cause dificultades. (Hebreos 12:15)

Otros, en cambio, viven amargados y mueren sin haber probado la felicidad. (Job 21:25, DHH)

La amargura daña todas las relaciones, acaba con nuestras fuerzas, nos enferma y distancia de los demás.

La persona que se llena de amargura no disfruta nada, y deja de vivir su vida porque desea venganza; el odio le consume sus fuerzas.

La comparación constante, los complejos y la envidia nos detienen en el cumplimiento del plan de Dios y nos llenan de amargura.

- ## NOS DETIENE LA CRÍTICA.

Hay quienes critican la obediencia de los demás. No los escuche. Tienen envidia, celos y enojo porque ellos no han obedecido y por eso codician lo que otros han alcanzado. No le dé valor a la crítica, al menosprecio o a la envidia de los demás. Solo son piedras que gritan que vamos bien y aplausos que nos deben motivar a continuar cumpliendo aquello que nos apasiona. ¡Por favor, no se detenga, aunque otros quieran que abandone!

Incluso Jesús supo cuándo debía ignorar las críticas y los insultos de aquellos que querían impedir el cumplimiento de Su propósito en la tierra. Los tiempos están en las manos de Dios, y no dependen del capricho de las personas. Por eso, siga, aunque no vea claramente el final; confíe, aunque no comprenda lo que ocurre; y si le hacen daño, solo piense que es parte del camino, pero no es razón para detenerse.

Muchas veces he querido abandonar lo que hago por el dolor provocado por la traición. Pero un día aprendí que solo son obstáculos por superar y momentos para refugiarme en Dios.

SIGA, AUNQUE NO VEA CLARAMENTE EL FINAL; CONFÍE, AUNQUE NO COMPRENDA LO QUE OCURRE.

• *NOS DETIENE LA EXCUSA DISFRAZADA DE TEMOR.*

Dios quiere erradicar de nosotros la excusa y el temor, y para eso nos afirma, nos comisiona y nos envía:

> *Yo le respondí: «¡Ah, Señor mi Dios! ¡Soy muy joven, y no sé hablar!» Pero el Señor me dijo: «No digas: "Soy muy joven", porque vas a ir adonde quiera que yo te envíe, y vas a decir todo lo que yo te ordene. No le temas a nadie, que yo estoy contigo para librarte». Lo afirma el Señor.*   (Jeremías 1:6-8)

Todos hemos tenido miedo en vida y lo utilizamos para excusarnos, pero Dios siempre responde lo mismo: *Ve porque yo estaré contigo*. Nuestra fuerza no radica en nuestra habilidad, está en el poder de quien nos acompaña.

• *NOS DETIENE LA AUTODESCALIFICACIÓN.*

No se descalifique por ser joven, adulto, del campo, un hijo no reconocido por sus padres, abandonado por su cónyuge, rechazado por un entrenador, humillado o menospreciado. Nuestra historia no depende de lo que otros crean de nosotros, depende de lo que Dios ha diseñado y lleva nuestro nombre. Si se detiene, que sea solo para descansar y renovar sus fuerzas, no para renunciar.

Estos depredadores de la fuerza, la energía, la creatividad y la alegría están buscando la ocasión para destruirnos y debilitarnos. Si los dejamos nos secarán la energía que necesitamos para producir y avanzar. Si nos dejamos atrapar por estas amenazas nos desviarán del cumplimiento del propósito para el cual hemos sido creados.

Tener una visión de futuro que nos apasione nos hará caminar de nuevo y ver el mañana como el cumplimiento de lo prometido en el cielo. Todos necesitamos tener una visión generacional que nos inspire, una esperanza que nos motive y una ilusión que nos mueva hacia adelante.

En cuanto a mí —dice el Señor—, este es mi pacto con ellos: Mi Espíritu que está sobre ti, y mis palabras que he puesto en tus labios, no se apartarán más de ti, ni de tus hijos ni de sus descendientes, desde ahora y para siempre —dice el Señor—. (Isaías 59:21)

Todo lo que vivimos, somos y hacemos impactará a las siguientes generaciones.

Escrito está: «Creí, y por eso hablé». Con ese mismo espíritu de fe también nosotros creemos, y por eso hablamos. (2 Corintios 4:13)

Porque creímos, hablamos, y mientras lo hacemos las fuerzas se renuevan.

Y yo le pediré al Padre, y él les dará otro Consolador para que los acompañe siempre. (Juan 14:16)

No vamos solos en el cumplimiento de la misión que Dios nos ha encomendado. Tenemos un Consolador que nos guía paso a paso, y aunque no vemos con claridad el final del camino, somos llamados a perseverar y a creer que Dios cumplirá lo que en el cielo está escrito y lleva nuestro nombre.

Los obstáculos desarrollan el carácter, nos acercan a Dios y nos permiten descubrir amigos que son ángeles enviados del cielo. ¡No se detenga! Ha sido llamado para vivir una gran historia. Dispóngase a disfrutar el camino mientras llega a su destino.

Dios nos llama a vivir la historia que lleva nuestro nombre, la que Él diseñó y nada va a impedir que se cumpla porque Él nos escogió antes de nacer y escribió planes maravillosos para nuestras vidas. Dios no improvisa con nosotros, diseña el futuro. Por eso nos dice:

¡NO SE DETENGA! HA SIDO LLAMADO PARA VIVIR UNA GRAN HISTORIA.

+ *Tus ojos vieron mi cuerpo en gestación: todo estaba ya escrito en tu libro; todos mis días se estaban diseñando, aunque no existía uno solo de ellos. ¡Cuán preciosos, oh Dios, me son tus pensamientos! ¡Cuán inmensa es la suma de ellos!* (Salmos 139:16, 17).

+ *La palabra del Señor vino a mí: «Antes de formarte en el vientre, ya te había elegido; antes de que nacieras, ya te había apartado; te había nombrado profeta para las naciones»* (Jeremías 1:4, 5).

✦ *Tu protección me envuelve por completo; me cubres con la palma de tu mano* (Salmos 139:5).

✦ *Y si te desvías a la derecha o a la izquierda, oirás una voz detrás de ti, que te dirá: «Por aquí es el camino, vayan por aquí.»* (Isaías 30:21, DHH). Si nos desviamos, Dios nos hablará claramente y nos indicará que debemos regresar a donde pertenecemos, a la seguridad de Su compañía.

✦ Dios abre camino delante de nosotros: *«Marcharé al frente de ti, y allanaré las montañas; haré pedazos las puertas de bronce y cortaré los cerrojos de hierro. Te daré los tesoros de las tinieblas, y las riquezas guardadas en lugares secretos, para que sepas que yo soy el Señor, el Dios de Israel, que te llama por tu nombre* (Isaías 45:2,3).

Quien abre camino es Dios; quien hace el milagro es Dios; quien le tiene donde está es Dios; quien le ha llenado de dones es Dios; quien multiplica el fruto de su trabajo es Dios. Nuestra misión es ser fieles al llamado, mantenernos caminando hasta el final y ser excelentes en todo lo que hacemos.

Dios ve el fin desde el principio, por eso es necesario enfocarnos en el futuro y soltar lo que ya no existe. Afirme su identidad en Cristo, tenga sueños que le proyecten al futuro y viva todo con sentido de propósito. Recuerde, tenemos destino que está en Dios, pero que requiere de disciplina, obediencia y perseverancia. La obediencia asegura nuestra herencia y se extenderá a las futuras generaciones. Pablo lo comprendió y por eso declara:

> *No es que ya lo haya conseguido todo, o que ya sea perfecto. Sin embargo, sigo adelante esperando alcanzar aquello para lo cual Cristo Jesús me alcanzó a mí. Hermanos, no pienso que yo mismo lo haya logrado ya. Más bien, una cosa hago: olvidando lo que queda atrás y esforzándome por alcanzar lo que está delante, sigo avanzando hacia la meta para ganar el premio que Dios ofrece mediante su llamamiento celestial en Cristo Jesús.*
>
> (Filipenses 3:12-14)

Es bueno soltar lo que ya no existe, a quienes nos abandonaron y las glorias pasadas; llegó el momento de enfocarnos en lo que Dios está haciendo y en aquello que está delante de nosotros, que es para lo que Cristo nos separó desde antes de nacer.

+ *El Señor llevará a cabo los planes que tiene para mi vida, pues tu fiel amor, oh Señor, permanece para siempre. No me abandones, porque tú me creaste* (Salmos 138:8, NTV).

+ *Bien saben que el Señor su Dios los ha bendecido en todo lo que han emprendido, y los ha cuidado por todo este inmenso desierto. Durante estos cuarenta años, el Señor su Dios ha estado con ustedes y no les ha faltado nada* (Deuteronomio 2:7).

Un día diremos que Dios estuvo con nosotros durante todo el camino, que nos fortaleció en los momentos difíciles y guió paso a paso al destino correcto. La siguiente generación contará nuestra historia y se alegrarán de que, como José, caminamos en obediencia hasta el final de nuestros días. Por eso, continúe hasta haber terminado la misión encomendada.

2

¿PRÍNCIPE O MENDIGO? USTED DECIDE

LA HISTORIA DE JOSÉ Y SUS HERMANOS

Su fuerza no depende de su edad, sino de en quién pone usted su confianza. La Biblia dice: *Los que confían en el Señor renovarán sus fuerzas; volarán como las águilas: correrán y no se fatigarán, caminarán y no se cansarán* (Isaías 40:31). Es imposible conocer todo lo que Dios tiene para nosotros en el futuro, por eso, tenemos que confiar que hay un plan y que paso a paso nos será revelado. Pero no lo conoceremos hasta que lo vivamos, y esto nos impone el reto de dejarnos sorprender por Dios.

Así que tendremos que confiar en que Dios unirá nuestra vida con el destino para el cual hemos nacido, y que en este camino utilizará a cada persona que se relaciona con nosotros: nuestra familia, amigos, compañeros, vecinos, jefes, a nuestro cónyuge, así como a las personas que aún estamos por conocer. Esto nos deja el reto de hacer amigos en donde quiera que estemos, así como el privilegio de construir un buen nombre en donde quiera que vayamos.

Déjeme contarle la historia de José y sus hermanos. Eran los hijos de Jacob, y los bisnietos de Abraham, en ellos corría sangre real porque se estaba levantando un pueblo elegido por Dios. Eran el fruto del trabajo duro de su padre Jacob, y el cumplimiento de una promesa hecha a Abraham. Estaban destinados a vivir una historia maravillosa porque Dios caminaba con ellos. Pero solo José lo pudo ver; sus hermanos vivieron envidiándolo y haciendo lo malo. Eso lastimó a la familia. Pero Dios siempre nos sorprende, porque a pesar de nuestros errores, Él cumple Su propósito.

José fue destinado desde antes de nacer a cumplir una misión que a los 17 años le fue revelada en sueños: un día llegaría a ser fuente de bendición para su familia. Todo en la vida nace con un sueño revelado por Dios, y esto puede ocurrir a cualquier edad. José es reprendido por su padre y menospreciado por sus hermanos por soñar los sueños de Dios. Qué difícil es comprender por qué nos rechazan, nos marginan o nos dañan, solo porque tenemos sueños que nos hablan del futuro que Dios tiene para nosotros.

Sin embargo, José amaba a sus hermanos y se relacionaba saludablemente con los demás. Es nuestra relación con Dios la que marca el resto de las relaciones. Es actuar conforme a los planes de Dios lo que nos permite enfrentar las traiciones, el engaño y el desencanto que podríamos vivir con nuestros padres, compañeros, amigos y hermanos. José fue odiado por sus hermanos porque era el favorito de su padre. Pero también porque tenía una relación profunda con Dios y esto lo hacía actuar diferente.

ES NUESTRA RELACIÓN CON DIOS LA QUE MARCA EL RESTO DE LAS RELACIONES.

A pesar de las circunstancias que vivamos, tenemos que confiar que Dios lo utilizará todo para nuestro bien y para el bien de nuestra familia. A pesar de los dolores, las traiciones y los fracasos, Dios cumplirá Sus propósitos y debemos vivir anhelando su cumplimiento. Por eso, aunque muchas veces es difícil de comprender, nacimos en la familia correcta, y toda relación que tengamos tiene un propósito en el cumplimiento del plan de Dios.

No fue fácil para José y tampoco lo es para nosotros. La historia de José nos ayuda a comprender que vale la pena caminar con sentido de destino.

La historia de José tiene varias etapas y muchas enseñanzas para nosotros. Esta es una escena de una de las etapas más difíciles de la vida de José. Había sido vendido por sus hermanos, quienes también quisieron asesinarlo. Esto pudo haberle causado un trauma insuperable, o bien, hecho sentir que Dios se había olvidado de él. Y no solo fue vendido como esclavo, sino que fue alejado de su padre, quien lo amaba de una forma especial. Ahora tenía la misión de servir a su amo en Egipto, y pronto ganó su confianza y su respeto porque lo que hacía era con excelencia y como para Dios.

Mientras vivía su mejor momento en la casa de Potifar, fue traicionado por la esposa de su amo y terminó en la cárcel. Ahí ganó la confianza del carcelero y convirtió el lugar en una cárcel modelo. Dios lo honra con el don de interpretar los sueños y sirve a sus compañeros, sin saber que un día, por ser fiel en lo poco, sería puesto sobre mucho.

Al leer la historia permita que Dios hable a su corazón, porque hemos sido llamados a servir con excelencia, iniciativa, creatividad y temor de Dios, como lo hizo José. En los siguientes versículos que relatan la historia de José y sus hermanos resalto en negritas algunos puntos que considero deben tomarse muy en cuenta y de los cuales podemos extraer lecciones maravillosas para nuestra vida.

LOS SUEÑOS DE JOSÉ

Jacob se estableció en la tierra de Canaán, donde su padre había residido como extranjero. Ésta es la historia de Jacob y su familia. Cuando José tenía diecisiete años, apacentaba el rebaño junto a sus hermanos, los hijos de Bilhá y de Zilpá, que eran concubinas de su padre. **El joven José solía informar a su padre de la mala fama que tenían estos hermanos suyos.**

Israel amaba a José más que a sus otros hijos, porque lo había tenido en su vejez. *Por eso mandó que le confeccionaran una túnica muy elegante.* **Viendo sus hermanos que su padre amaba más a José que a ellos, comenzaron a odiarlo y ni siquiera lo saludaban. Cierto día José tuvo un sueño y, cuando se lo contó a sus hermanos, estos le tuvieron más odio todavía,** *pues les dijo:*

—Préstenme atención, que les voy a contar lo que he soñado. Resulta que estábamos todos nosotros en el campo atando gavillas. De pronto, mi gavilla se levantó y quedó erguida, mientras que las de ustedes se juntaron alrededor de la mía y le hicieron reverencias. Sus hermanos replicaron: —¿De veras crees que vas a reinar sobre nosotros, y que nos vas a someter? Y lo odiaron aún más por los sueños que él les contaba.

Después José tuvo otro sueño, y se lo contó a sus hermanos. Les dijo:

—Tuve otro sueño, en el que veía que el sol, la luna y once estrellas me hacían reverencias. **Cuando se lo contó a su padre y a sus hermanos, su padre lo reprendió:**

—¿Qué quieres decirnos con este sueño que has tenido? —le preguntó—. ¿Acaso tu madre, tus hermanos y yo vendremos a hacerte reverencias? **Sus hermanos le tenían envidia, pero su padre meditaba en todo esto.**

(Génesis 37:1-11)

Lo único que José tiene es un sueño que se repite de vez en cuando y es poco claro. Pero es un sueño que despierta expectativa, aunque entre sus hermanos genera rechazo, envidia y celos. De este modo es como si el cielo se abriera y dejara entrever por medio de una pequeña, confusa y tenue luz que el futuro está ahí. Los planes nunca nos serán revelados de manera clara, sino que solamente veremos en parte y por eso, nuestra confianza no debe nunca estar en nuestra habilidad, inteligencia o astucia, sino en Dios.

José simplemente tuvo un sueño que le despertó expectativas; aunque confuso, cree que Dios tiene un plan que un día se cumplirá. Qué difícil es vivir en una familia en donde, en lugar de ser alentados a seguir los sueños del corazón, somos regañados, odiados, marginados y rechazados. Pero José seguía contando su sueño, como si fuera un visionario viviendo adelantado en su tiempo y, a pesar del rechazo, la envidia y el odio que le tenían sus hermanos, siguió siendo un joven bueno y temeroso de Dios.

Es importante resaltar que, a pesar de la disfuncionalidad de la familia, José estaba siendo formado como un hijo que amaba a Dios. Sus valores eran fuertes y la semilla de fe en su vida daría fruto a su tiempo.

Tenemos que confiar en que Dios tiene un destino para nosotros y que, aunque no lo comprendamos plenamente el día de hoy, si vivimos para Él y somos excelentes en lo que hacemos, un día la vida nos va a sorprender llevándonos más lejos de lo que podemos imaginar.

Jacob, como padre, cometió el error de tener un trato diferente con José porque lo tuvo cuando era anciano. Esto alimentó el celo y el rechazo de sus hermanos. Jacob hizo lo que había visto hacer a su padre Isaac. El hijo favorito de Isaac era Esaú y esto afectó la relación de Jacob con su hermano, porque generó rivalidad entre ellos. Uno de los desafíos más grandes que tenemos es no repetir los errores que cometieron nuestros padres con nosotros.

En medio de la mala conducta de los hermanos de José, él se levantó como un soñador de cosas mejores y no se dejó intimidar por las amenazas o el menosprecio. José, lleno de inocencia o de ingenuidad, contaba lo que soñaba, por tanto, debemos tener cuidado de a quién le contamos nuestros sueños, porque a las personas mediocres les despierta envidia, celos y rivalidad.

CONFÍE, SU VIDA TIENE UN DESTINO:

- ✦ Ámelo

- ✦ Conquístelo

- ✦ Anticípelo

- ✦ Deje que le apasione

- ✦ Involucre a las personas correctas en su proyecto de vida.

+ Perdone los errores de sus padres; aprecie la contribución que le han dado, y hónrelos en todo tiempo.

+ En cuanto dependa de usted, tenga una relación saludable, fuerte y fraternal con sus hermanos. Planee con ellos, sueñe con ellos, perdone sus errores y pida perdón cuando se equivoque.

+ Confíe en que Dios cumplirá a su tiempo.

José y sus hermanos nacieron para ser patriarcas, de ellos saldría una gran nación. En ellos corría sangre real y no lo sabían. Un patriarca es el que lleva sobre sus hombros la construcción de una historia que impactará positivamente a las generaciones futuras. Es quien paga el precio de salir en obediencia a donde Dios le diga que vaya, como lo hizo Abraham. Es aquel que se mantiene fiel hasta el final, o el que regresa a la casa cuando se ha equivocado y pide perdón; el que no se rinde a pesar de la adversidad. Así lo describe el libro de Hebreos:

Por la fe Abraham, cuando fue llamado para ir a un lugar que más tarde recibiría como herencia, obedeció y salió sin saber a dónde iba. Por la fe se radicó como extranjero en la tierra prometida, y habitó en tiendas de campaña con Isaac y Jacob, herederos también de la

> *misma promesa, porque esperaba la ciudad de cimien-*
> *tos sólidos, de la cual Dios es arquitecto y constructor.*
> *Por la fe Abraham, a pesar de su avanzada edad y de*
> *que Sara misma era estéril, recibió fuerza para tener*
> *hijos, porque consideró fiel al que le había hecho la pro-*
> *mesa. Así que de este solo hombre, ya en decadencia,*
> *nacieron descendientes numerosos como las estrellas del*
> *cielo e incontables como la arena a la orilla del mar.*
>
> (Hebreos 11:8-12)

Abraham luchó por lo que un día su descendencia recibiría como herencia. Obedeció y salió como quien camina
a la deriva, pero sabiendo que Dios lo estaba guiando.
Abraham dejó que lo inspirara la promesa que Dios le había
hecho y esto lo hizo caminar creyendo que Él lo cumpliría a
su tiempo. Pagó un alto precio, porque en lugar de vivir en la
comodidad de una casa decidió vivir en tiendas de campaña
en un país extranjero, porque sabía que un día su descendencia heredaría esa tierra.

Vivió esperando el cumplimiento de lo prometido y
esto inspiró a su hijo Isaac y a su nieto Jacob, herederos de
la misma promesa. Todo porque sabía que era fiel el que le
había hecho la promesa. Es en medio de la adversidad donde
Dios renueva las fuerzas y, por medio de personas que no

tienen posibilidades, escribe una historia que impacta a generaciones enteras.

Esta es la historia del patriarca Abraham. Por eso, unos 600 años después, cuando Dios se reveló a Moisés, lo hizo como el Dios de Abraham, Isaac y Jacob: *Yo soy el Dios de tu padre. Soy el Dios de Abraham, de Isaac y de Jacob* (Éxodo 3:6). La pregunta que surge es, ¿qué dirá Dios de nosotros en el futuro a nuestros descendientes? ¿Cómo nos recordarán nuestros hijos cuando pasen los años? ¿Seremos de los que creen y abren puertas? ¿O de los que pagan el precio como lo hizo Abraham, Isaac y Jacob?

Este era el contexto en la época de José; en ese momento la historia la estaban escribiendo él y sus hermanos. Eran hijos de la promesa, descendientes de los padres de la fe, de hombres y mujeres que pagaron el precio y le creyeron a Dios. Y hasta que Dios no fuera revelado a sus vidas como lo hizo con Abraham, Isaac y Jacob, no comprenderían para qué habían nacido y no tenían destino.

En la actualidad nos corresponde a nosotros ser el eslabón entre las generaciones antiguas y la nueva generación. Somos la plataforma sobre la que edificarán nuestros hijos, aquellas personas que inspiramos sueños o causamos traumas. Tenemos el privilegio de ser los patriarcas de las generaciones futuras, que construyen un buen nombre para los suyos. Ellos se levantarán sobre el fundamento que edifiquemos hoy; y aunque no veamos claramente lo que sucederá, Dios está construyendo un buen futuro para los nuestros. Dejemos que Dios hable a nuestras vidas para impulsar a nuestros hijos al destino correcto. Dejemos atrás los dolores del pasado y escribamos una nueva historia en sus vidas.

De regreso a la historia de José, de cada uno de estos doce hermanos surgiría una tribu con una misión que cumplir. Pero no lo sabían. Todo sería revelado en el tiempo perfecto de Dios. Eran los descendientes del patriarca Jacob. Y así debemos llegar a ser conocidos un día, como "patriarcas de nuestra descendencia". Eran los hijos de la promesa; el Salvador del mundo nacería de esta descendencia, pero no lo sabían. ¡Fueron hijos de un milagro, su bisabuelo Abraham tenía cien años y Sara era estéril, cuando por voluntad divina nació Isaac, el abuelo!

Ninguno de nosotros podemos olvidar que somos el fruto de milagros extraordinarios y que estamos aquí por voluntad divina. Si Dios nos ha preservado hasta este momento, tiene propósitos maravillosos que desea revelarnos.

José y sus hermanos eran descendientes de Abraham y herederos de la promesa; serían de bendición para todas las familias de la tierra (ver Génesis 12). Por esta razón es importante comprender que cada generación debe tener su propio encuentro con Dios, así recordaremos de dónde venimos y cuál es el propósito por el cual existimos.

SI DIOS NOS HA PRESERVADO HASTA ESTE MOMENTO, TIENE PROPÓSITOS MARAVILLOSOS QUE DESEA REVELARNOS.

Los hermanos de José vivían como si no supieran quiénes eran y no se daban cuenta que por ellos corría sangre real. Una gran nación corría por sus venas y no lo sabían. Nacieron con un destino por conquistar y no lo anhelaban. Los hermanos de José nacieron para reinar y vivieron llenos de envidia, odio y pecado. Se apartaron hacia el mal y no escucharon la voz de Dios. *Esta es la historia de Jacob y su familia […]. El joven José solía informar a su padre de la mala fama que tenían estos hermanos suyos* (Génesis 37:2).

A los 17 años, José recibió la primicia de lo que llegaría a ser y su misión que cumplir. Su sueño era repetitivo, pero a la vez poco claro. Él nunca lo interpretó, solo lo contaba con ilusión y lleno de inocencia. Sin embargo, sabía que era un sueño dado por Dios y esto lo llenaba de expectativa por el futuro. Sabía quién era y a quién servía. Dios estaba con él y todo lo que tocaba prosperaba. *Cierto día José tuvo un sueño* (Génesis 37:5).

3

JOSÉ ENFRENTÓ
MOMENTOS DIFÍCILES

Ahora José se enfrenta a los momentos más difíciles de su vida. Sus hermanos desean asesinarlo y terminan vendiéndolo como esclavo. Ahora vivirá lejos del amor de su padre. Llega a un lugar extraño y ya no es el hijo predilecto que se viste de honores. Pero lleva con él los valores que lo acercan a Dios y lo hacen vivir con excelencia. Es un tiempo donde la traición continúa; pero a donde quiera que llegue, la mano de Dios lo respaldará y, sin darse cuenta, se está acercando al cumplimiento de lo que Dios ha planeado.

JOSÉ ES VENDIDO POR SUS HERMANOS

José siguió buscando a sus hermanos, y los encontró cerca de Dotán. Como ellos alcanzaron a verlo desde lejos, antes de que se acercara tramaron un plan para matarlo. Se dijeron unos a otros:

—Ahí viene ese soñador. Ahora sí que le llegó la hora. Vamos a matarlo y echarlo en una de estas cisternas, y diremos que lo devoró un animal salvaje. ¡Y a ver en qué terminan sus sueños!

Cuando Rubén escuchó esto, intentó librarlo de las garras de sus hermanos, así que les propuso:

—No lo matemos. No derramen sangre. Arrójenlo en esta cisterna en el desierto, pero no le pongan la mano encima.

Rubén dijo esto porque su intención era rescatar a José y devolverlo a su padre.

Cuando José llegó adonde estaban sus hermanos, le arrancaron la túnica muy elegante, lo agarraron y lo echaron en una cisterna que estaba vacía y seca. Luego se sentaron a comer. En eso, al levantar la vista, divisaron una caravana de ismaelitas que venía de Galaad.

Sus camellos estaban cargados de perfumes, bálsamo y mirra, que llevaban a Egipto. Entonces Judá les propuso a sus hermanos:

—¿Qué ganamos con matar a nuestro hermano y ocultar su muerte? En vez de eliminarlo, vendámoslo a los ismaelitas; a fin de cuentas, es nuestro propio hermano.

Sus hermanos estuvieron de acuerdo con él, así que cuando los mercaderes madianitas se acercaron, sacaron a José de la cisterna y se lo vendieron a los ismaelitas por veinte monedas de plata. Fue así como se llevaron a José a Egipto.

Cuando Rubén volvió a la cisterna y José ya no estaba allí, se rasgó las vestiduras en señal de duelo. Regresó entonces adonde estaban sus hermanos, y les reclamó:

—¡Ya no está ese muchacho! Y ahora, ¿qué hago? En seguida los hermanos tomaron la túnica especial de José, degollaron un cabrito, y con la sangre empaparon la túnica. Luego la mandaron a su padre con el siguiente mensaje: «Encontramos esto. Fíjate bien si es o no la túnica de tu hijo».

En cuanto Jacob la reconoció, exclamó: «¡Sí, es la túnica de mi hijo! ¡Seguro que un animal salvaje se lo devoró

y lo hizo pedazos!» Y Jacob se rasgó las vestiduras y se vistió de luto, y por mucho tiempo hizo duelo por su hijo. Todos sus hijos y sus hijas intentaban calmarlo, pero él no se dejaba consolar, sino que decía: «No. Guardaré luto hasta que descienda al sepulcro para reunirme con mi hijo». Así Jacob siguió llorando la muerte de José. **En Egipto, los madianitas lo vendieron a un tal Potifar, funcionario del faraón y capitán de la guardia.**
(Génesis 37:17-36)

Si usted está experimentando rechazo, marginación o menosprecio, soporte la presión, aprenda de lo que vive para no repetirlo en el futuro, perdone a quienes le lastiman, guarde su corazón para no llenarse de odio y amargura. Su historia igual que la de José está en las manos de Dios y a su tiempo comprenderemos por qué vivimos esos momentos difíciles.

Es necesario que seamos sensibles a lo que Dios quiere hablarnos. Si no tenemos este anhelo, caminaremos amargados, enojados, aburridos, sin dirección, sin sentido, y no le encontraremos propósito a lo que hacemos. Dios siempre quiere darnos un sueño que nos proyecte al futuro con ilusión y esperanza. José era el hijo de un patriarca, la raíz de un pueblo, el cumplimiento de una promesa, pero no lo sabía; él era quien daría de comer a su familia, pero no lo sabía.

Nuestras vidas están en las manos de Dios, por eso es crucial que nuestras decisiones estén alineadas al propósito que Él tiene con nosotros. Para esto necesitamos buscar consejo, esperar el tiempo de Dios y asegurarnos de vivir en obediencia. Así que no tome decisiones apresuradas, no se llene de envidia, no critique lo que hacen los demás, tenga expectativas por el mañana y deje que Dios le sorprenda. Tenga una alta ética como la tuvo José. El propósito de Dios con nosotros es hacer prosperar todo lo que toquen nuestras manos.

Los hilos de la historia no se pueden conectar mirando hacia adelante, se conectan solamente cuando se mira hacia el pasado, y es ahí cuando nos damos cuenta de que todo el tiempo Dios ha tenido planes más grandes con nosotros. Cuando miramos hacia el futuro debemos desarrollar fe, esperanza, expectativa, ilusión y confianza en Dios.

Todo lo que Dios se ha propuesto hacer con nosotros se cumplirá a su debido tiempo. Por eso, suelte el pasado con sus dolores y nostalgias, deje ir a quienes se marcharon y ya no están, renunciemos al odio y a la amargura que nos provocaron los que nos traicionaron. Esta historia aún se está escribiendo, y un día comprenderemos por qué experimentamos momentos difíciles. Lo mejor está por venir, y solo la confianza en Dios adelanta el cumplimiento de lo prometido.

Levantémonos como la plataforma sobre la que se levantan los que aún no han nacido, y aunque no veamos claramente lo que un día sucederá, Dios está construyendo un buen futuro para los nuestros.

TODO LO QUE DIOS SE HA PROPUESTO HACER CON NOSOTROS SE CUMPLIRÁ A SU DEBIDO TIEMPO.

¿CÓMO ME MANTENGO ENFOCADO SI NO CONOZCO MI DESTINO?

+ Tenga la certeza de que Dios tiene un plan para usted, y aunque no lo conozca a plenitud, camine en obediencia.

+ Vea las señales que Dios le da en el camino. En el caso de José, Dios prospera todo lo que hace.

+ Deje que Dios cumpla la promesa en el momento indicado, no trate de adelantar el tiempo.

+ Sea fiel y bendiga a las personas que se relacionan con usted, como lo hizo José.

+ Viva como alguien que tiene un destino que conquistar, aunque hoy no se vea con claridad.

+ Elija escuchar la canción que late en su corazón y no la música extraña que le mueve a la seducción y a la autocomplacencia.

+ Elija el camino de la excelencia, del trabajo duro y la dedicación.

+ Apasiónese por lo que hace y hágalo con excelencia, Dios hablará a su corazón y hará el resto.

Creer que los puntos se unirán en el futuro le dará la confianza de permanecer fiel al llamado de su corazón, de caminar con expectativa y seguro de que Dios cumplirá lo que se ha propuesto hacer con nosotros.

LA ADVERSIDAD CRECE

José fue rechazado por sus hermanos, vendido como esclavo y terminó en la cárcel. Mientras José vive estos momentos difíciles, Dios está entrelazando una historia de redención para su familia y lo pone en contacto con personas clave, al tiempo que va formando el carácter que requiere un gobernante. Por eso, en la adversidad, debemos confiar que Dios tiene un propósito más grande que el que hoy podemos observar.

Cuando José fue llevado a Egipto, los ismaelitas que lo habían trasladado allá lo vendieron a Potifar, un egipcio que era funcionario del faraón y capitán de su guardia. Ahora bien, el Señor estaba con José y las cosas le salían muy bien. Mientras José vivía en la casa de su patrón egipcio, este se dio cuenta de que el Señor estaba con José y lo hacía prosperar en todo. José se ganó la confianza de Potifar, y este lo nombró mayordomo de toda su casa y le confió la administración de todos sus bienes. Por causa de José, el Señor bendijo la casa del egipcio Potifar a partir del momento en que puso a José a cargo de su casa y de todos sus bienes. La bendición del Señor se extendió sobre todo lo que tenía el egipcio, tanto en la casa como en el campo. Por esto Potifar dejó todo a cargo de José, y tan solo se preocupaba por lo que tenía que comer.

José tenía muy buen físico y era muy atractivo. Después de algún tiempo, la esposa de su patrón empezó a echarle el ojo y le propuso: —Acuéstate conmigo.

Pero José no quiso saber nada, sino que le contestó:

—Mire, señora: mi patrón ya no tiene que preocuparse de nada en la casa, porque todo me lo ha confiado a mí. En esta casa no hay nadie más importante que yo. Mi patrón no me ha negado nada, excepto meterme con usted, que es su esposa. ¿Cómo podría yo cometer tal maldad y pecar así contra Dios?

Y por más que ella lo acosaba día tras día para que se acostara con ella y le hiciera compañía, José se mantuvo firme en su rechazo.

Un día, en un momento en que todo el personal de servicio se encontraba ausente, José entró en la casa para cumplir con sus responsabilidades. Entonces la mujer de Potifar lo agarró del manto y le rogó: «¡Acuéstate conmigo!»

Pero José, dejando el manto en manos de ella, salió corriendo de la casa. Al ver ella que él había dejado el manto en sus manos y había salido corriendo, llamó a los siervos de la casa y les dijo: «¡Miren!, el hebreo que nos trajo mi esposo sólo ha venido a burlarse de nosotros. Entró a la casa con la intención de acostarse conmigo, pero yo grité con todas mis fuerzas. En cuanto me oyó gritar, salió corriendo y dejó su manto a mi lado».

La mujer guardó el manto de José hasta que su marido volvió a su casa. Entonces le contó la misma historia: «El esclavo hebreo que nos trajiste quiso aprovecharse de mí. Pero en cuanto grité con todas mis fuerzas, salió corriendo y dejó su manto a mi lado».

Cuando el patrón de José escuchó de labios de su mujer cómo la había tratado el esclavo, se enfureció y mandó que echaran a José en la cárcel donde estaban los presos del rey.

Pero aun en la cárcel el Señor estaba con él y no dejó de mostrarle su amor. Hizo que se ganara la confianza del guardia de la cárcel, el cual puso a José a cargo de todos los prisioneros y de todo lo que allí se hacía. Como el Señor estaba con José y hacía prosperar todo lo que él hacía, el guardia de la cárcel no se preocupaba de nada de lo que dejaba en sus manos.

(Génesis 39:1-23)

EL COPERO Y EL PANADERO

Tiempo después, el copero y el panadero del rey de Egipto ofendieron a su señor. El faraón se enojó contra estos dos funcionarios suyos, es decir, contra el jefe de los coperos y el jefe de los panaderos, así que los mandó presos a la casa del capitán de la guardia, que era la misma cárcel donde estaba preso José. Allí el capitán de la guardia le encargó a José que atendiera a estos funcionarios. Después de haber estado algún tiempo en la cárcel, una noche los dos funcionarios, es decir, el copero y el panadero, tuvieron cada uno un sueño, cada sueño con su propio significado. A la mañana siguiente, cuando José fue a verlos, los encontró muy preocupados, y por eso les preguntó:

—¿Por qué andan hoy tan cabizbajos?

—Los dos tuvimos un sueño —respondieron—, y no hay nadie que nos lo interprete.

—¿Acaso no es Dios quien da la interpretación? —preguntó José—. ¿Por qué no me cuentan lo que soñaron?

Entonces el jefe de los coperos le contó a José el sueño que había tenido:

—Soñé que frente a mí había una vid, la cual tenía tres ramas. En cuanto la vid echó brotes, floreció; y maduraron las uvas en los racimos. Yo tenía la copa del faraón en la mano. Tomé las uvas, las exprimí en la copa, y luego puse la copa en manos del faraón.

Entonces José le dijo:

—Esta es la interpretación de su sueño: *Las tres ramas son tres días. Dentro de los próximos tres días el faraón lo indultará a usted y volverá a colocarlo en su cargo. Usted volverá a poner la copa del faraón en su mano, tal como lo hacía antes, cuando era su copero. Yo le ruego que no se olvide de mí. Por favor, cuando todo se haya arreglado, háblele usted de mí al faraón para que me saque de esta cárcel. A mí me trajeron por la fuerza, de la tierra de los hebreos. ¡Yo no hice nada aquí para que me echaran en la cárcel!* [...].

Al jefe de los coperos lo restituyó en su cargo para que, una vez más, pusiera la copa en manos del faraón [...]. **Sin embargo, el jefe de los coperos no se acordó de José, sino que se olvidó de él por completo.**

(Génesis 40:1-15, 21, 23)

José amaba lo que hacía y Dios hizo prosperar todo lo que tocaba. Había sido arrancado de la seguridad de su hogar y ahora trabajaba duro en todo lo que ponían en su mano. Experimentó la gracia de Dios en cada circunstancia, se fortalecía en la fe, se mantuvo firme en sus convicciones y crecía como persona. Esto le permitió ayudar a quienes se cruzaban en su camino.

En medio de la adversidad José vivió uno de los periodos más creativos de su vida: administró, creó, desarrolló buenas relaciones con los demás, afirmó sus convicciones y se realizó en todo lo que hacía.

José pagó un precio muy alto, pero Dios estaba formando el carácter de un estadista; fue odiado, rechazado, incomprendido y desechado por sus hermanos. Fue esclavo, asediado sexualmente, terminó siendo prisionero y fue olvidado por las personas a las que ayudó. En este punto muchos nos podríamos confundir y pensar que Dios se ha olvidado de nosotros, que las personas son malas y estamos en riesgo de llenar nuestro corazón de amargura. Si nos llenamos de rencor y odio estaremos interrumpiendo el cumplimiento de los propósitos de Dios.

José nació para ser una persona que tiene un destino especial, con una relación con Dios y hombre de convicciones profundas; sin embargo, soportó las adversidades, los engaños, el odio, y tuvo que esperar el cumplimiento de la promesa de Dios, lo que ocurrió en el tiempo perfecto. José esperaba el cumplimiento del plan de Dios y esto no fue fácil, porque requirió una fe activa, fuerza de voluntad, firmeza en sus convicciones, y sin importar dónde estuviera, lo que lo que tocaba brillaba. Estoy convencido de que la única cosa que mantuvo a José caminando fue el amor por lo que hacía, la fidelidad a Dios y a las personas, así como la pasión de un sueño que Dios había puesto en su corazón.

Muchas veces la vida nos golpea con la traición de un amigo, el rechazo de un amor, la decepción de un familiar, la injusticia de un profesor, la crítica constante, y entonces experimentamos soledad, y cuando esto sucede pensamos que el cielo se olvidó de nosotros. El error que cometemos en medio de las crisis es detenernos, estigmatizarnos como personas fracasadas y dejamos que nuestro corazón se llene de rencor. Pero Dios nos recuerda que la actitud que debemos mantener en esos momentos difíciles es la que tuvo José: multiplicó lo que se ponía en sus manos, trabajaba con eficiencia y dejaba todo mejor que como se lo habían entregado.

Es cierto que hay momentos difíciles de comprender en el presente porque causan dolor, y todo parece detenerse en el tiempo. Pero es en esos momentos difíciles en donde el carácter se forma. Entonces oramos como nunca y nuestra dependencia de Dios crece; hasta que un día reconocemos que Dios estuvo con nosotros todo el tiempo, que renovó nuestras fuerzas y desarrolló creatividad, ingenio y sentido de propósito.

Por eso, si vive usted un momento difícil, no tenga miedo, no se rinda, porque su historia no se ha terminado de escribir. Dios está formando su carácter, ejecutando planes que aún no se pueden ver en el presente y está entretejiendo historias que le sorprenderán, porque van más lejos que los mejores sueños que pueda tener. Por lo tanto, no procure adelantar el tiempo (ni lo podemos hacer) porque el momento indicado solo Dios lo sabe.

Hoy nos corresponde guardar el corazón para no llenarlo de resentimiento y vivir con la expectativa de lo que Dios hará en el futuro. Busque una palabra de parte de Dios que le sostenga, le guíe y provea esperanza. Dios tiene el futuro en Sus manos.

> *Porque yo sé muy bien los planes que tengo para ustedes —afirma el SEÑOR —, planes de bienestar y no de calamidad, a fin de darles un futuro y una esperanza.*
> (Jeremías 29:11)

La promesa tiene como meta restaurarnos, sanarnos y levantarnos del sufrimiento actual. Lo que hoy estemos padeciendo *no* es el final. Dios tiene planes de bien y no de mal, así que hay esperanza para nuestro futuro. Es tiempo de confiar en Dios, porque nuestro futuro está en Sus manos y un día Él sanará las heridas del camino. *Pero yo te restauraré y sanaré tus heridas —afirma el Señor—* (Jeremías 30:17).

¿QUÉ SUCEDE CON LA ADVERSIDAD CUANDO ESTAMOS TOMADOS DE LA MANO DE DIOS?

+ Somos capaces de bendecir a las personas con quienes nos relacionamos.

+ Vivimos con sentido de destino, sin dejarnos seducir por las pasiones del momento.

+ Se fortalecen nuestras convicciones.

+ Somos desafiados a elegir el camino de la excelencia, del trabajo duro y la dedicación. Por eso Dios bendice y prospera.

+ Aflora la creatividad y se aprende a administrar.

EL TIEMPO NO SE PUEDE ADELANTAR, SOLO PODEMOS CONFIAR QUE DIOS MULTIPLICARÁ LO QUE UN DÍA PERDIMOS.

El error que cometemos en medio de las crisis es detenernos, estigmatizarnos como personas fracasadas y llenar nuestro corazón de rencor. Pero Dios nos recuerda que la actitud que debemos mantener en esos momentos difíciles es la que tuvo José, quien multiplicó lo que llegaba a sus manos, trabajaba con eficiencia y dejaba todo mejor que como se lo habían entregado. Esto le permitió vivir con sentido de destino. El tiempo no se puede adelantar, solo podemos confiar que Dios multiplicará lo que un día perdimos.

4

EL CUMPLIMIENTO DE
LO PROMETIDO

Cuando José tenía 30 años, Dios lo puso en la posición correcta para que se cumpliera todo lo que le había hablado desde que era un adolescente de 17. Ocurrió en el tiempo de Dios y a la forma de Dios.

Cuando el Faraón llama a José para que le interprete el sueño, comprende que está en un momento crucial y que necesita al mejor hombre para poner todo Egipto en sus manos. Tiene que ser una persona fiel, capaz de resistir la presión, con las habilidades para liderar a todo un pueblo, organizar una nación y, sobre todo, debe tener una visión clara sobre el futuro. En medio de esta realidad no encontró a nadie mejor que a José:

> *Luego le dijo a José: —Puesto que Dios te ha revelado todo esto, no hay nadie más competente y sabio que tú. Quedarás a cargo de mi palacio, y todo mi pueblo cumplirá tus órdenes […]. Así que el faraón le informó a José: —Mira, yo te pongo a cargo de todo el territorio de Egipto [...]. Fue así como el faraón puso a José al frente de todo el territorio de Egipto [...]. **Tenía treinta años cuando comenzó a trabajar al servicio del faraón, rey de Egipto.*** (Génesis 41:39-46)

En la cárcel José había interpretado el sueño que tuvo el copero y el panadero del palacio. El copero del rey es restablecido en su puesto, tal como José se lo había dicho. Pero se olvidó de él. Cuando el Faraón tuvo dos sueños, el copero le cuenta que un esclavo en la cárcel había interpretado su sueño y se cumplió tal cual había dicho. Por eso el Faraón lo mandó a llamar. Leamos la historia para que podamos dimensionar la forma en la que Dios opera.

El faraón mandó llamar a José, y en seguida lo sacaron de la cárcel. Luego de afeitarse y cambiarse de ropa, José se presentó ante el faraón, quien le dijo:

—Tuve un sueño que nadie ha podido interpretar. Pero me he enterado de que, cuando tú oyes un sueño, eres capaz de interpretarlo.

—No soy yo quien puede hacerlo —respondió José—, sino que es Dios quien le dará al faraón una respuesta favorable.

El faraón le contó a José lo siguiente:

—En mi sueño, estaba yo de pie a orillas del río Nilo. De pronto, salieron del río siete vacas gordas y hermosas, y se pusieron a pastar entre los juncos. Detrás de ellas salieron otras siete vacas, feas y flacas. ¡Jamás se habían visto vacas tan raquíticas en toda la tierra de Egipto! Y las siete vacas feas y flacas se comieron a las siete vacas gordas. Pero, después de habérselas comido, no se les notaba en lo más mínimo, porque seguían tan feas como antes. Entonces me desperté. Después tuve otro sueño: Siete espigas de trigo, grandes y hermosas, crecían de un solo tallo. Tras ellas brotaron otras siete espigas marchitas, delgadas y quemadas por el viento solano. Las siete espigas delgadas se comieron a las espigas grandes y hermosas. Todo esto se lo conté a los magos, pero ninguno de ellos me lo pudo interpretar.

José le explicó al faraón:

—En realidad, los dos sueños del faraón son uno solo. Dios le ha anunciado lo que está por hacer. Las siete vacas hermosas y las siete espigas hermosas son siete años. Se trata del mismo sueño. Y las siete vacas flacas y feas, que salieron detrás de las otras, y las siete espigas delgadas y quemadas por el viento solano, son también siete años. Pero estos serán siete años de hambre. Tal como le he dicho al faraón, Dios le está mostrando lo que está por hacer. Están por venir siete años de mucha abundancia en todo Egipto, a los que les seguirán siete años de hambre, que harán olvidar toda la abundancia que antes hubo. ¡El hambre acabará con Egipto! Tan terrible será el hambre, que nadie se acordará de la abundancia que antes hubo en el país. El faraón tuvo el mismo sueño dos veces porque Dios ha resuelto firmemente hacer esto, y lo llevará a cabo muy pronto. Por todo esto, el faraón debería buscar un hombre competente y sabio, para que se haga cargo de la tierra de Egipto. Además, el faraón debería nombrar inspectores en todo Egipto, para que durante los siete años de abundancia recauden la quinta parte de la cosecha en todo el país. Bajo el control del faraón, esos inspectores deberán juntar el grano de los años buenos que vienen y almacenarlo en las ciudades, para que haya una reserva de alimento. Este alimento almacenado le servirá a Egipto para los siete años de hambre que sufrirá, y así la gente del país no morirá de hambre.

Al faraón y a sus servidores les pareció bueno el plan. Entonces el faraón les preguntó a sus servidores:

—¿Podremos encontrar una persona así, en quien repose el espíritu de Dios?

Luego le dijo a José:

—Puesto que Dios te ha revelado todo esto, no hay nadie más competente y sabio que tú. Quedarás a cargo de mi palacio, y todo mi pueblo cumplirá tus órdenes. Sólo yo tendré más autoridad que tú, porque soy el rey.

Así que el faraón le informó a José:

—Mira, yo te pongo a cargo de todo el territorio de Egipto.

De inmediato, el faraón se quitó el anillo oficial y se lo puso a José. Hizo que lo vistieran con ropas de lino *fino, y que le pusieran un collar de oro en el cuello. Después lo invitó a subirse al carro reservado para el segundo en autoridad, y ordenó que gritaran: «¡Inclínense!» Fue así como el faraón puso a José al frente de todo el territorio de Egipto.*

Entonces el faraón le dijo:

—Yo soy el faraón, pero nadie en todo Egipto podrá hacer nada sin tu permiso.

Y le cambió el nombre a José, y lo llamó Zafenat Panea; además, le dio por esposa a Asenat, hija de Potifera, sacerdote de la ciudad de On. De este modo quedó José a cargo de Egipto. Tenía treinta años cuando comenzó a trabajar al servicio del faraón, rey de Egipto.

Tan pronto como se retiró José de la presencia del faraón, se dedicó a recorrer todo el territorio de Egipto. Durante los siete años de abundancia la tierra produjo grandes cosechas, así que José fue recogiendo todo el alimento que se produjo en Egipto durante esos siete años, y lo almacenó en las ciudades. Juntó alimento como quien junta arena del mar, y fue tanto lo que recogió que dejó de contabilizarlo. ¡Ya no había forma de mantener el control!

*Antes de comenzar el primer año de hambre, José tuvo dos hijos con su esposa Asenat, la hija de Potifera, sacerdote de On. Al primero lo llamó Manasés, porque dijo: «**Dios ha hecho que me olvide de todos mis problemas, y de mi casa paterna**». Al segundo lo llamó Efraín, porque dijo: «**Dios me ha hecho fecundo en esta tierra donde he sufrido**».* (Génesis 41:14-52)

Otros pueden olvidarse de nosotros, pero Dios no. El tiempo pasa y podríamos pensar que Dios mismo se olvidó de nosotros, pero todo llega en el tiempo perfecto, por lo que debemos estar preparados, ya que no sabemos cuándo ocurrirá.

José reconoce que no es él quien puede interpretar el sueño del Faraón, pues es Dios quien da la inteligencia. Nunca debemos olvidar que los dones que tenemos son un regalo de Dios y que no nos pertenecen. Por eso, en medio de la abundancia debemos tener la humildad de reconocerlo a Él como el dador de toda gracia.

José reconoció que ha sufrido, que ha vivido momentos difíciles, y que ahora había llegado el tiempo de la restitución, el cumplimiento de lo prometido. Por eso no debe rendirse en medio de la adversidad, Dios lo va a sorprender porque cumplirá lo que se ha propuesto hacer con usted.

EL ENCUENTRO CON SUS HERMANOS

El hambre había alcanzado toda la tierra y la familia de José estaba padeciendo necesidad. El padre los envió a Egipto en busca de alimento, era su última alternativa. Lo que no sabían es que Dios se había adelantado a la historia y ahora los puntos se unirían. José es el gobernador de Egipto y puede así extenderles una mano. Había llegado el momento para que José viviera todo lo que Dios le había prometido. Estaba gobernando, administraba y lideraba, y se había anticipado a los tiempos difíciles.

Dios lo sorprendería aún más, porque había llegado el momento para que se cumpliera el sueño que había tenido a los 17 años. El momento era épico; José viviría el mejor momento de su vida. Se encontraría nuevamente con su familia y en esta ocasión podría extenderles su mano.

Para este momento era la existencia de José, era el día señalado por Dios. Qué difícil es comprender en el presente por qué ocurren las cosas, principalmente si estamos llenos de momentos difíciles y dolorosos. Pero debemos fijar la mirada en el final, porque es ahí donde las cosas se comprenden. Leamos la historia y dejemos impresionarnos por las lecciones que nos enseña. Este resumen nos permitirá extraer varias lecciones extraordinarias.

Cuando Jacob se enteró de que había alimento en Egipto, les dijo a sus hijos: «¿Qué hacen ahí parados, mirándose unos a otros? He sabido que hay alimento en Egipto. Vayan allá y compren comida para nosotros, para que no muramos, sino que podamos sobrevivir».

Diez de los hermanos de José fueron a Egipto a comprar alimento. Pero Jacob no dejó que Benjamín, el hermano de José, se fuera con ellos porque pensó que podría sucederle alguna desgracia. Fue así como los hijos de Israel fueron a comprar alimento, al igual que otros, porque el hambre se había apoderado de Canaán.

José era el gobernador del país, y el que vendía trigo a todo el mundo. Cuando sus hermanos llegaron ante él, se postraron rostro en tierra. En cuanto José vio a sus hermanos, los reconoció; pero, fingiendo no conocerlos, les habló con rudeza [...]. Aunque José los había reconocido, sus hermanos no lo reconocieron a él. En ese momento se acordó José de los sueños que había tenido acerca de ellos, y les dijo:

—¡De seguro ustedes son espías, y han venido para investigar las zonas desprotegidas del país!

—¡No, señor! —respondieron—. Sus siervos hemos venido a comprar alimento. Todos nosotros somos hijos de un mismo padre, y además somos gente honrada. ¡Sus siervos no somos espías!

—¡No es verdad! —insistió José—. Ustedes han venido para investigar las zonas desprotegidas del país.

Pero ellos volvieron a responder:

—Nosotros, sus siervos, éramos doce hermanos, todos hijos de un mismo padre que vive en Canaán. El menor se ha quedado con nuestro padre, y el otro ya no vive.

Pero José los increpó una vez más:

—Es tal como les he dicho. ¡Ustedes son espías!

José los encerró en la cárcel durante tres días. Al tercer día les dijo:

—Yo soy un hombre temeroso de Dios. Hagan lo siguiente y salvarán su vida. Si en verdad son honrados, quédese uno de ustedes bajo custodia, y vayan los demás y lleven alimento para calmar el hambre de sus familias. Pero tráiganme a su hermano menor y pruébenme que dicen la verdad. Así no morirán.

Ellos aceptaron la propuesta, pero se decían unos a otros:

—Sin duda estamos sufriendo las consecuencias de lo que hicimos con nuestro hermano. Aunque vimos su angustia cuando nos suplicaba que le tuviéramos compasión, no le hicimos caso. Por eso ahora nos vemos en aprietos.

(Génesis 42: 1-7, 8-14, 17-21)

José ya no pudo controlarse delante de sus servidores, así que ordenó: «¡Que salgan todos de mi presencia!» Y ninguno de ellos quedó con él. Cuando se dio a conocer a sus hermanos, comenzó a llorar tan fuerte que los egipcios se enteraron, y la noticia llegó hasta la casa del faraón.

—Yo soy José —les declaró a sus hermanos—. ¿Vive todavía mi padre?

Pero ellos estaban tan pasmados que no atinaban a contestarle. No obstante, José insistió:

—¡Acérquense!

Cuando ellos se acercaron, él añadió:

—Yo soy José, el hermano de ustedes, a quien vendieron a Egipto. Pero ahora, por favor no se aflijan más ni se reprochen el haberme vendido, **pues en realidad fue Dios quien me mandó delante de ustedes** *para salvar vidas. Desde hace dos años la región está sufriendo de hambre, y todavía faltan cinco años más en que no habrá siembras ni cosechas.* **Por eso Dios me envió delante de ustedes: para salvarles la vida de manera extraordinaria y de ese modo asegurarles descendencia sobre la tierra. Fue Dios quien me envió aquí, y no ustedes. Él me ha puesto como asesor** *del faraón y administrador de su casa, y como gobernador de todo Egipto. ¡Vamos, apúrense! Vuelvan a la casa de mi padre y díganle: "Así dice tu hijo José: 'Dios me ha hecho gobernador de todo Egipto. Ven a verme. No te demores. Vivirás en la región de Gosén, cerca de mí, con tus hijos y tus nietos, y con tus ovejas, y vacas y todas tus posesiones.* **Yo les proveeré alimento allí, porque aún quedan cinco años más de hambre. De lo contrario, tú y tu familia, y todo lo que te pertenece, caerán en la miseria'".** *Además, ustedes y mi hermano Benjamín son testigos de que yo mismo lo he dicho. Cuéntenle a mi padre del prestigio que tengo en Egipto, y de todo lo que han visto. ¡Pero apúrense y tráiganlo ya!* **Y abrazó José a su hermano Benjamín, y comenzó a llorar. Benjamín, a su vez, también lloró abrazado a su hermano José. Luego José, bañado en lágrimas, besó a todos sus hermanos.**

(Génesis 45:1-15)

¡Qué historia más conmovedora! El sufrimiento dio paso a la alegría, la espera había terminado, el hambre sería saciada, y la angustia se transformó en llanto de emoción. Dios ha restituido a José y él ha sido levantado para bendecir a su familia. Dios sigue dirigiendo los hilos de la historia; nuestras vidas están en sus manos.

Los hermanos de José estaban temerosos cuando supieron que su hermano ahora era el gobernador de Egipto. Pero José había guardado su corazón contra el odio, el rencor y la amargura. Por eso les pudo decir:

> *Pero Dios transformó ese mal en bien para lograr lo que hoy estamos viendo: salvar la vida de mucha gente. Así que, ¡no tengan miedo! Yo cuidaré de ustedes y de sus hijos. Y así, con el corazón en la mano, José los reconfortó.* (Génesis 50:20, 21)

No fue la traición de sus hermanos lo que llevó a José a Egipto, ni la envidia, sino el cumplimiento de un plan divino; fue su fidelidad, su capacidad para perdonar y mantener vivo el sueño que ardía en su corazón. Por eso pudo decirles:

> —*Yo soy José, el hermano de ustedes, a quien vendieron a Egipto. Pero ahora, por favor no se aflijan más ni*

se reprochen el haberme vendido, pues en realidad fue Dios quien me mandó delante de ustedes para salvar vidas. Desde hace dos años la región está sufriendo de hambre, y todavía faltan cinco años más en que no habrá siembras ni cosechas. Por eso Dios me envió delante de ustedes: para salvarles la vida de manera extraordinaria y de ese modo asegurarles descendencia sobre la tierra. Fue Dios quien me envió aquí, y no ustedes. Él me ha puesto como asesor del faraón y administrador de su casa, y como gobernador de todo Egipto. ¡Vamos, apúrense! Vuelvan a la casa de mi padre y díganle: "Así dice tu hijo José: 'Dios me ha hecho gobernador de todo Egipto. Ven a verme. No te demores'".

(Génesis 45:3-9)

Si caminamos en fidelidad al llamado que late en nuestro corazón y nos mantenemos haciendo lo correcto, un día seremos sorprendidos con algo que jamás imaginamos que ocurriría. Saber que nuestra vida fue diseñada para tener un impacto positivo en nuestra familia resulta alentador. Fue gratificante para José saber que ahora podría darles una mano a los suyos.

El trabajo va a ocupar gran parte de su tiempo, por eso, no importa dónde esté, hágalo con excelencia, le traerá satisfacción y realización a su vida. Al mismo tiempo, construirá un buen nombre y una reputación que le va a abrir puertas en el futuro. Esto es lo que le sucedió a José; el copero había hablado bien de él.

La única forma de tener un trabajo extraordinario es amar lo que hacemos. No importa dónde esté o qué esté haciendo, hágalo para Dios, y procure siempre terminarlo mejor de como le fue entregado. Si siente que aún no ha encontrado ese trabajo ideal, persevere en seguirlo buscando; sin embargo, en este momento, esté donde esté, deje una marca de excelencia. No se conforme con la mediocridad, sino sea fiel a Dios siendo excelente en todo cuanto usted haga. Deje a Dios la prosperidad de lo que haya puesto en sus manos.

El tiempo es limitado, así que no lo gaste viviendo con mediocridad, o aun envidiando lo que otros tienen, sino que tenga una pasión personal, una visión que exija lo mejor de usted. Cada uno de nosotros debe elegir si vive con culpa, vergüenza, celos, envidia o rivalidad como los hermanos de José; o como el mismo José, soñando cosas mejores sin importar sus circunstancias. Decida hoy si vive como mendigo o como príncipe; creyendo a Dios o comparando su vida con la de los demás. Es necesario tener un sueño que nos inspire, una visión que nos apasione, un reto que nos haga caminar, así como la determinación de hacer siempre lo correcto sin importar dónde estemos.

Hoy es un buen día para olvidar los errores del pasado, los que todos cometemos, es tiempo de levantarnos para mirar hacia el futuro con esperanza, porque ha llegado la redención de Dios y Él no guarda memoria de nuestras faltas, nos ha perdonado y tiene planes maravillosos para nosotros. En José vemos un ejemplo de la redención que nuestro Señor Jesucristo hizo con nosotros en la cruz. Toda vez que Jacob murió, los hermanos de José tuvieron miedo, pero José ya los había perdonado hace mucho, así que los animó y afirmó su amor.

Al reflexionar sobre la muerte de su padre, los hermanos de José concluyeron: «Tal vez José nos guarde rencor, y ahora quiera vengarse de todo el mal que le hicimos». Por eso le mandaron a decir: «Antes de morir tu padre, dejó estas instrucciones: "Díganle a José que perdone, por favor, la terrible maldad que sus hermanos cometieron contra él". Así que, por favor, perdona la maldad de los siervos del Dios de tu padre». Cuando José escuchó estas palabras, se echó a llorar. Luego sus hermanos se presentaron ante José, se inclinaron delante de él y le dijeron:

—*Aquí nos tienes; somos tus esclavos.*

—*No tengan miedo* —les contestó José—. *¿Puedo acaso tomar el lugar de Dios?* **Es verdad que ustedes pensaron hacerme mal, pero Dios transformó ese mal en bien para lograr lo que hoy estamos viendo: salvar la vida de mucha gente.** *Así que, ¡no tengan miedo! Yo cuidaré de ustedes y de sus hijos. Y así, con el corazón en la mano, José los reconfortó.*

(Génesis 50:15-21)

Un día cuando se cuente nuestra historia deberá ser para inspirar, dar honor a nuestra familia. Vivamos para que nuestra historia sea digna de ser contada. Que se diga que fuimos capaces de abrir camino a la nueva generación, que fuimos patriarcas porque pagamos un precio, que fuimos personas de visión porque anticipamos los tiempos. Que se pueda decir de nosotros que vivimos en obediencia a Dios y que nuestros hijos siguieron nuestros pasos.

5

VIVIR CON PASIÓN, ENTREGA Y EXCELENCIA DA SIGNIFICADO A LO QUE HACEMOS

Cada uno ponga al servicio de los demás el don que haya recibido, administrando fielmente la gracia de Dios en sus diversas formas. El que habla, hágalo como quien expresa las palabras mismas de Dios; el que presta algún servicio, hágalo como quien tiene el poder de Dios. Así Dios será en todo alabado por medio de Jesucristo, a quien sea la gloria y el poder por los siglos de los siglos. Amén.
—1 Pedro 4:10-11

Dios manifiesta Su gracia en nuestras vidas de diferentes maneras. Una de estas es dándonos dones, contactos y poniéndonos oportunidades frente a nosotros. Así que esté donde esté y sea la actividad que sea, hágala con excelencia, viva eso con intensidad y entregue los mejores resultados.

Dios reparte los dones como Él quiere y nos invita a administrarlos como si lo estuviéramos haciendo para Él. Esto trae gloria a Su nombre y realización a nuestra vida, porque contribuimos al desarrollo de la comunidad y vivimos con sentido de destino y propósito. José es un ejemplo claro que nos enseña que al vivir apasionadamente y con excelencia, desarrollaremos nuestro potencial, construiremos un buen nombre y seremos portadores de buenas noticias en donde quiera que estemos.

Cuando alguien se emociona en lo que hace, y lo hace con entusiasmo, entrega, pasión y excelencia, supera sus habilidades y las circunstancias que ha tenido que enfrentar, porque tiene como meta llevarlo todo a otro nivel. Las personas que viven de esta manera convierten las responsabilidades en una fuente de realización y ven los problemas como una oportunidad para reinventarse.

Son personas que nunca están aburridas porque ponen su máximo esfuerzo en todo lo que hacen. Así lo hizo José, cuando era un esclavo o estaba en la cárcel se propuso hacer lo mejor en todo y lo hizo con excelencia. Aunque era esclavo, llegó a tener la confianza del carcelero, fue fiel al llamado de Dios y ganó el respeto de todos. José no dejó que la posición lo definiera; a él lo definía Dios, y nada le robó su espíritu de superación y el anhelo de vivir con pasión y excelencia.

No importa en dónde estemos o lo que hagamos, si estamos ahí es porque hay un propósito y, en el camino, Dios estará formando nuestro carácter, nos dará conexiones, y sobre todo nos preparará para lo que un día llegaremos a ser. Para alcanzar el éxito en la vida debemos conquistarnos a nosotros mismos, y esto requiere entrenar la mente y las emociones. Necesitamos estar mentalizados en que no importa en dónde vivamos, el trabajo que realicemos o cuánto nos amen o nos menosprecien, hemos nacido para avanzar, para vivir intensamente la vida y superar los obstáculos del camino. Para esto es crucial ordenar nuestras emociones y mantenernos caminando a pesar de las circunstancias.

PARA ALCANZAR EL ÉXITO EN LA VIDA DEBEMOS CONQUISTARNOS A NOSOTROS MISMOS.

Aunque no siempre comprenderemos por qué nos ocurren las cosas, lo más importante para nosotros será saber que estamos en las manos de Dios y que Él sí tiene el panorama completo. La historia es más grande de lo que podemos ver o sentir, somos el eslabón presente de una historia en cadena y, por lo tanto, nuestra vista es parcial y limitada. Pero Dios contempla el panorama completo, y si nos dejamos guiar por Él, experimentaremos realización y lo haremos todo con excelencia.

A sus 13 años, y con el dolor de haber perdido a su padre, Jimena determinó que su vida tendría significado y que el sacrificio que su padre hizo por ella valdría la pena. En una nota conmovedora recuerda los momentos que vivieron juntos, las memorias que nunca se borrarán de su mente y las palabras que le decía cuando lo tenía a su lado. Termina diciéndole que se sentirá orgulloso de lo que ella llegará a hacer, porque su entrega y amor no quedarán sin recompensa.

"Mi papá, mi héroe, mi príncipe azul, mi consejero, el único e incondicional, lo mejor que me ha pasado. Tantas risas, tantos momentos, tantas peleas, tantas cocinadas, tantas compras, tantos recuerdos que ya no están, se fueron, desaparecieron en tan solo un día. Todavía recuerdo lo emprendedor que era;

cuando despertaba lo veía ahí sentado, esperándome para desayunar. También recuerdo las veces que me repetía que yo tenía un papá muy guapo y cómo yo con una sonrisa asentía con la cabeza. Me hacía reír como nadie. Jamás lo volverá a hacer. Decir que lo amaba queda muy corto, porque no era así, era algo más que amor, algo inexplicable, una sensación grandiosa que tenía cuando estaba con él. No es justo. Lo quiero de vuelta. Ayer me di cuenta de que el único requisito para morir es estar vivo. Me di cuenta de que Dios hace todo por algo, y Él me dio la oportunidad de estar con él en sus últimos días. Me duele, siento que se desvanece todo a mi alrededor. Luego recuerdo que mi papá siempre me decía que estaba orgulloso de mí y más orgulloso va a estar, porque yo, su hija Jimena, va a seguir adelante, va a superarse día a día, va a ser alguien en la vida y nunca va a caer. Porque Dios jamás me va a dar un obstáculo que no pueda pasar. Gracias, Pa…, gracias por ser mi papá. Gracias por haber sido parte de mi vida estos 13 años. Te amo hoy, mañana y siempre".

—Jime

Cuando leo lo que escribe esta joven de tan solo 13 años creo que el sacrificio de entregarnos con pasión y amor a nuestra familia vale la pena. Luchar por lo que amamos vale la pena; vivir intensamente la vida y perseverar hasta el final vale la pena. La recompensa posiblemente no la recibiremos nosotros, pero sí la vivirán nuestros hijos y nuestros nietos.

La vida la conquistan los que escuchan a Dios, los que caminan en obediencia, los que, a pesar de la adversidad no se detienen, los que saludan a lo lejos la patria celestial, los que mantienen la mirada puesta en Dios; los que comprenden que los obstáculos solo están ahí para ser superados; los que suman a su vida pasión, entrega absoluta y una alta dosis de perdón y entusiasmo en lo que hacen. Son personas que se esfuerzan al máximo y recorren el camino de la mano de Dios.

¿QUÉ ES EL ÉXITO?

El éxito no es cuestión de suerte, casualidad o algo que alguien nos regala o hereda. El éxito es una conquista personal que se da cuando nos encontramos con nosotros mismos y aprendemos a pensar correctamente. Las personas exitosas ven sobre las circunstancias, superan el rechazo que en algún momento todos hemos enfrentado y saben que Dios siempre los sorprende y los lleva más lejos de lo que pueden imaginar.

El éxito es producto de un proceso, no es un lugar al que llegamos (porque una persona exitosa nunca llega), sino que está en constante conquista de su ser interior. Es el encuentro progresivo con nuestro propio yo, y la alegría de concentrarnos en recorrer el camino elegido.

EL ÉXITO ES UNA CONQUISTA PERSONAL QUE SE DA CUANDO NOS ENCONTRAMOS CON NOSOTROS MISMOS.

Si dejamos que la burla, el menosprecio y la descalificación nos definan, viviremos con sentimientos de inferioridad y nuestros pensamientos se verán limitados. Las opiniones de los demás son importantes, pero estas no pueden convertirse en nuestra principal fuente de inspiración, o bien, dejar que sea lo que nos defina.

El miedo al fracaso nos detiene porque nos paraliza y nos roba la confianza y la esperanza. Necesitamos levantarnos para caminar y superar las limitaciones. Se requiere coraje para comenzar un proceso de conquista continua; fe, para mantenerse avanzando; y determinación, para levantarse de nuevo cuando nos hemos equivocado. Todos vamos a dudar, a tener miedo en algún momento, vamos a ser traicionados, menospreciados, rechazados, y aún más, juzgados injustamente. A pesar de todos los obstáculos que enfrentemos, nacimos con un propósito que cumplir, un destino que debemos conquistar. Vivir en esta dimensión nos permite escribir historias maravillosas para abrir camino a la nueva generación.

Para alcanzar el éxito en la vida necesitamos ser personas que saben con seguridad quiénes son, hacia dónde se dirigen, qué los inspira, y tener el carácter bien fundamentado para dejar que la perseverancia, la determinación y la valentía nos guíen. Lo que creemos determina quiénes somos y qué somos capaces de lograr. Cuando las creencias que tenemos son negativas, nos limitan y hacen que nos detengamos en nuestro accionar.

Tenemos que dejar de darle importancia a los pensamientos que producen miedo, complejos y tienden a aislarnos de los demás. Si no toco la puerta, esta no se abre; si no insisto, no seré escuchado; si algo debe ser conquistado, yo lo tengo que hacer. Porque la vida me ha enseñado que Dios nos da oportunidades, pero nos toca a nosotros avanzar, confiar, conquistar y perseverar hasta el final.

Pensar bien produce motivación y nos impulsa a alcanzar lo que hemos soñado o planeado. Al pensamiento correcto debemos añadirle acción, perseverancia, determinación y el tiempo necesario para producir los resultados correctos. Como bien lo describe Pablo:

> *Por último, hermanos, consideren bien todo lo verdadero, todo lo respetable, todo lo justo, todo lo puro, todo lo amable, todo lo digno de admiración, en fin, todo lo que sea excelente o merezca elogio. Pongan en práctica lo que de mí han aprendido, recibido y oído, y lo que han visto en mí, y el Dios de paz estará con ustedes.*
>
> (Filipenses 4: 8, 9)

Pablo nos invita a pensar en lo correcto y a insistir en esa actitud, y no solo eso, sino que también se presenta como un ejemplo que nos inspira. En realidad, todos debemos tener presente que, en silencio, nuestros hijos nos observan y, sin que nos demos cuenta, seguirán nuestros pasos y nuestra forma de actuar y pensar. Por eso debemos insistir en pensar correctamente.

Hablemos siempre bien de nosotros mismos y de los demás; esto nutre de fuerza nuestro ser interior. Lo que pensamos de nosotros mismos determina cómo nos sentimos e influencia nuestra forma de actuar y el cómo nos relacionamos con otros. De hecho, lo que creemos determina los resultados que obtendremos.

Una cosa es tener un sueño y otra, comprometerse a alcanzarlo. El éxito lo obtiene quien se compromete. El compromiso nos hace trascender del deseo a la acción, y de la fantasía a la realidad. Hay personas que se quedan paralizadas por el temor a lo desconocido, y hay quienes superan sus miedos a través del compromiso, la perseverancia y la confianza en Dios. Los miedos son fantasmas que no existen, pensamientos distorsionados que producen sentimientos alterados. Los valientes se atreven a enfrentar sus temores y se ponen a caminar.

Así lo hizo David frente al gigante Goliat. No significa que no estuviera impresionado por la estatura del gigante, pero sabía quién era su Dios porque lo había visto cuando cuidaba las ovejas de su padre. Mientras realizamos las tareas comunes, nuestra fe se va fortaleciendo y crece nuestra confianza en Dios. Por eso, no subestime lo que hace, avance hasta terminar lo que inició, siga, aunque otros quieran que abandone. Dios renovará sus fuerzas y hará que llegue al destino que Él ha señalado.

Si transmitimos valores y buenos hábitos a los que vienen después de nosotros, habremos alcanzado el mejor de los éxitos. Por esta razón, he aquí tres claves que le permitirán un buen legado que deje puertas abiertas para sus hijos, y construir sobre un fundamento sólido su propia identidad y proyecto de vida.

1. MULTIPLIQUE LO QUE TIENE EN LAS MANOS

Comprender cómo es que Dios reparte los dones y talentos es crucial para el crecimiento personal. A cada uno nos ha sido dado conforme a nuestra capacidad, así lo describe Jesús en Mateo 25 cuando nos narra la parábola de los talentos.

*El reino de los cielos es como un hombre que, yéndose lejos, llamó a sus siervos y les entregó sus bienes. **A uno dio cinco talentos, a otro dos y a otro uno, a cada uno conforme a su capacidad;** y luego se fue lejos. El que recibió cinco talentos fue y negoció con ellos, y ganó otros cinco talentos. Asimismo el que recibió dos, ganó también otros dos. Pero el que recibió uno hizo un hoyo en la tierra y escondió el dinero de su señor. Después de mucho tiempo regresó el señor de aquellos siervos y arregló cuentas con ellos. Se acercó el que había recibido cinco talentos y trajo otros cinco talentos, diciendo: "Señor, cinco talentos me entregaste; aquí tienes, he ganado otros cinco talentos sobre ellos". **Su señor le dijo: "Bien, buen siervo y fiel; sobre poco has sido fiel,*** *sobre mucho te pondré. Entra en el gozo de tu señor."*

Se acercó también el que había recibido dos talentos y dijo: "Señor, dos talentos me entregaste; aquí tienes, he ganado otros dos talentos sobre ellos." Su señor le dijo: "Bien, buen siervo y fiel; sobre poco has sido fiel, sobre mucho te pondré. Entra en el gozo de tu señor."

Pero acercándose también el que había recibido un talento, dijo: "Señor, te conocía que eres hombre duro, que siegas donde no sembraste y recoges donde no esparciste; por lo cual tuve miedo, y fui y escondí tu talento en la tierra; aquí tienes lo que es tuyo."

Respondiendo su señor, le dijo: "Siervo malo y negligente, sabías que siego donde no sembré y que recojo donde no esparcí. Por tanto, debías haber dado mi dinero a los banqueros y, al venir yo, hubiera recibido lo que es mío con los intereses. Quitadle, pues, el talento y dadlo al que tiene diez talentos, porque al que tiene, le será dado y tendrá más; y al que no tiene, aun lo que tiene le será quitado.

(Mateo 25:14-29, RVR 1995)

A cada uno nos ha sido entregado lo que somos capaces de administrar. Por eso, no envidie lo que otro tiene, sino multiplique lo que le ha sido concedido.

El entusiasmo, la pasión, la entrega, la perseverancia y la creatividad hacen crecer lo que Dios ha puesto en nuestras manos, por lo tanto, servir a Dios con pasión desarrolla nuestras habilidades y nos hace crecer.

Tenemos que poner los dones, los talentos y los recursos en las manos de Dios, y Él los hará crecer y multiplicarse. Dios quiere hacer cosas grandes, más de lo que podemos imaginar. Dios multiplica lo poco que tenemos, si lo ponemos en Sus manos; por tanto, trabajemos con pasión, dedicación y excelencia.

Tenemos que eliminar las excusas de nuestra vida, pues si no lo hacemos quedaremos atrapados en el miedo y actuaremos con negligencia. *Por lo cual tuve miedo, y fui y escondí tu talento en la tierra; aquí tienes lo que es tuyo* (Mateo 25:25, RVR 1995). Quien ha sido criado con temor, rechazo o abuso le cuesta ver oportunidades, porque las heridas que no han sanado lo limitan. Por eso, debemos desafiarnos a nosotros mismos para comprender que nuestra crianza no determina lo que podemos hacer. Ha llegado el tiempo de crecer y de dejar ir el pasado para vivir como personas de fe, esperanza y realización. Es tiempo de dejar de ver las limitaciones actuales y comenzar a vivir las oportunidades que Dios nos está dando. Quien es criado con esperanza, afirmación y fe en Dios se inclina a ver la vida con ilusión y buen ánimo.

Uno de los desafíos que tenemos es eliminar las excusas tales como: "Tengo miedo"; "No sé qué hacer"; "No tenía instrucciones claras", etc. Lo que Dios nos ha dado es para que lo multipliquemos y llevemos mucho fruto. Cuando Dios ve que trabajamos, nos esforzamos, que ponemos empeño en lo que hacemos, que perseveramos en hacer lo correcto y creemos que Él cumplirá lo prometido, entonces veremos milagros de Dios multiplicando lo que ha puesto en nuestras manos. Así lo dice Juan 15:

> *Yo soy la vid verdadera, y mi Padre es el labrador. Él corta de mí toda rama que no produce fruto y poda las ramas que sí dan fruto, para que den aún más [...]. Ciertamente, yo soy la vid; ustedes son las ramas.* ***Los que permanecen en mí y yo en ellos producirán mucho fruto porque, separados de mí, no pueden hacer nada [...]. Cuando producen mucho fruto, demuestran que son mis verdaderos discípulos. Eso le da mucha gloria a mi Padre.***
>
> (Juan 15:1, 2, 5, 8, NTV)

Nacimos para dar mucho fruto y multiplicar lo que Dios ha puesto en nuestras manos, esta es Su voluntad. Si permanecemos en Dios daremos mucho fruto y todo lo que hagamos crecerá y se multiplicará.

Cuando multiplicamos lo que hacemos y lo hacemos producir, damos gloria a Dios, y somos testimonio viviente de que nuestras vidas están en Él. Por eso, renunciemos a los miedos y complejos que nos detienen, dejemos de lado el qué dirán. Si Dios le dice que haga algo, ¡hágalo! *Miren, el Señor su Dios les ha entregado la tierra. Vayan y tomen posesión de ella como les dijo el Señor, el Dios de sus antepasados. No tengan miedo ni se desanimen* (Deuteronomio 1:21). Dios siempre nos está animando a caminar en obediencia, a avanzar confiadamente y a creer que lo que Él ha dicho lo cumplirá.

2. ENTRÉGUESE CON ALEGRÍA Y GENEROSIDAD

Entregarnos con entusiasmo y generosidad no tiene nada que ver con nuestra condición social, el lugar en el que nacimos o cuánto poseemos en el banco. Por lo regular las personas más generosas son las que menos tienen, porque son agradecidas y saben que sus vidas y lo que tienen viene del Padre de las luces, de nuestro buen Dios. Así lo vivió la iglesia en Macedonia:

*Ahora, hermanos, queremos que se enteren de la gracia que Dios les ha dado a las iglesias de Macedonia. **En medio de las pruebas más difíciles, su desbordante alegría y su extrema pobreza abundaron en rica generosidad.***

Soy testigo de que dieron espontáneamente tanto como podían, y aún más de lo que podían.

(2 Corintios 8:1-3)

En medio de las pruebas más difíciles los de Macedonia eran generosos, alegres y tenían una disposición que superaba sus posibilidades. Pido a Dios que nos ayude a estar siempre gozosos, alegres y a tener un corazón agradecido y generoso donde quiera que estemos. Dios nos ayude a entregarnos con pasión en todo lo que hagamos, y que esta actitud nos llene de alegría, entusiasmo y generosidad.

Alegrémonos en medio de las pruebas y mantengamos intacta nuestra confianza en Dios. La alegría de vivir y el reconocer a Dios en todo nos hará superar las circunstancias adversas, el rechazo y el menosprecio.

3. AVANCE A PESAR DE LA ADVERSIDAD

Me fijé que en esta vida la carrera no la ganan los más veloces, ni ganan la batalla los más valientes; que tampoco los sabios tienen qué comer, ni los inteligentes abundan en dinero, ni los instruidos gozan de simpatía, sino que a todos les llegan buenos y malos tiempos.

(Eclesiastés 9:11)

Las circunstancias buenas y malas nos suceden a todos. Los tiempos buenos y tiempos malos los vivimos todos. No es que unos son más favorecidos que otros. Por eso, no se descalifique porque esté pasando tiempos difíciles, adversidad o momentos de dolor. Una de las tendencias humanas es culparnos por lo que nos ocurre, y lo que en realidad sucede en medio de cada circunstancia es que Dios está cumpliendo un propósito que muchas veces no podemos comprender.

La fe, la esperanza y la alegría crecen a partir de que nos dejamos inspirar por las promesas que Dios nos ha dado y por los testimonios de las personas que lo han logrado en el pasado. Cuando Dios nos hace libres de los traumas del pasado, nos faculta para soñar, crear, crecer y multiplicarnos. Por eso, no se detenga, avance a pesar de la adversidad, porque si Dios dijo que llegaríamos al otro lado y que superaríamos la tormenta, lo vamos a lograr. Tenemos que hacer lo que Dios nos ha puesto a hacer.

Que la pasión de servir a Dios con entusiasmo nos haga superar las circunstancias actuales, desarrollar las habilidades que tenemos y multiplicar lo que ha puesto en nuestras manos. Así lo hicieron José en Egipto y Daniel en Babilonia.

6

PERSEVERE, SEA EXCELENTE Y SUPÉRESE

La perseverancia es la capacidad de seguir adelante y procurar conquistar lo que nos ha sido prometido. Es superar los obstáculos, las dificultades, la crítica, el desánimo y la frustración. Quien persevera termina lo que inició, y vuelve a intentarlo cuando las cosas no salen bien; se mantiene enfocado en la meta y le cree a Dios en todo momento. La perseverancia tiene que luchar contra la pereza, la mediocridad y la frialdad. Al perseverar, no nos rendimos, porque caminamos viendo al Invisible, a Dios.

DIOS NOS INVITA A CONTINUAR HASTA EL FINAL, SIENDO FIELES Y LEALES:

+ *Terminen lo que empezaron a hacer, y háganlo con el mismo entusiasmo que tenían cuando comenzaron,* dando lo que cada uno pueda dar (2 Corintios 8:11, TLA).

+ *Cada uno de ustedes ha recibido de Dios alguna capacidad especial.* **Úsela bien en el servicio a los demás** (1 Pedro 4:10, TLA).

+ *No es que ya lo haya conseguido todo, o que ya sea perfecto. Sin embargo,* **sigo adelante esperando alcanzar aquello para lo cual Cristo Jesús me alcanzó a mí.** *Hermanos, no pienso que yo mismo lo haya logrado ya. Más bien, una cosa hago:* **olvidando lo que queda atrás y esforzándome por alcanzar lo que está delante, sigo avanzando hacia la meta** *para ganar el premio que Dios ofrece mediante su llamamiento celestial en Cristo Jesús* (Filipenses 3:12-14).

Lo fácil es tomar atajos, comprar favores, violar los valores que nos han inspirado. Pero este es el camino equivocado, porque en el camino a la victoria no hay atajos, ni caminos cortos. Si buscamos lo fácil, vamos a llenarnos de miedo, inseguridad y culpa. Pero si perseveramos en hacer lo correcto, desarrollaremos nuestra inteligencia, Dios pondrá ángeles en el camino y multiplicará lo que ha puesto en nuestras manos. Por tanto, aléjese de las malas influencias, de ambientes tóxicos y renuncie a las prácticas que le llenan de culpa.

Hellen Keller se quedó sorda, muda y ciega tras una enfermedad siendo aún muy pequeña. A pesar de todo, logró aprender a comunicarse con los demás y fue la primera persona sordomuda en conseguir un título universitario; luego publicó más de diez libros. Superar los obstáculos la llevó a derribar barreras sociales y los miedos propios que surgen en medio de la dificultad. Cuando ella logró sus metas personales, se convirtió en una luchadora de los derechos de los discapacitados y se levantó para animar a otros a conquistar sus metas y sueños.

PERSEVERE HASTA EL FINAL

+ *Llegan*, los que se inspiran en las promesas de Dios.

+ *Llegan*, los que ven sobre las circunstancias.

+ *Llegan*, los que no se dejan influenciar por los que solo ven lo negativo.

+ *Llegan*, los que mantienen la ilusión en un mejor mañana.

+ *Llegan*, los que reclaman el cumplimiento de la promesa.

+ *Llegan*, los que perseveran hasta el final.

No abandone, persevere en creer que Dios es quien le ha llamado. Bien lo dice Pablo:

> *No es que ya lo haya conseguido todo, o que ya sea perfecto. Sin embargo, **sigo adelante esperando alcanzar aquello para lo cual Cristo Jesús me alcanzó a mí.***
>
> (Filipenses 3:12)

La razón por la que Cristo nos alcanzó, esto es, el propósito por el cual existimos, no es fácil de descubrir y no siempre es claro. Lo vamos descubriendo poco a poco, escuchando lo que nos llama la atención, aquello que nos inspira y nos apasiona. No es algo que se puede imitar o copiar. Es algo que se descubre mientras caminamos en obediencia, en fidelidad y en excelencia. Es una revelación progresiva del propósito de Dios para nuestra vida. Muchas veces puede iniciar con un anhelo, un sueño, un deseo, una causa o bien, una invitación.

Nehemías estaba cómodo sirviendo en el palacio del rey. Había alcanzado el favor del rey, pero al escuchar la noticia de lo que estaba ocurriendo en Jerusalén, su corazón se quebrantó y comenzó a orar a Dios pidiendo perdón por el pecado del pueblo. Sus oraciones y su disposición para servir lo involucraron en la historia y Dios puso en su corazón el deseo de reconstruir los muros de Jerusalén. La actitud, la buena reputación, una vida dedicada y el clamor a Dios tuvieron su fruto, y Nehemías pudo decir: *Y me lo concedió el rey, según la benéfica mano de Dios sobre mí* (Nehemías 2:8, RVR1960).

¿Era Nehemías un constructor? No; pero estaba dispuesto a servir a su pueblo. ¿Era un líder? No; pero estuvo dispuesto a servir con pasión, entrega y dedicación. Dios lo había puesto en el lugar correcto para cumplir la misión, contaba con el favor del rey y recibió lo necesario para desempeñar lo que Dios estaba poniendo en su corazón. Cuando leemos en Nehemías 1 la forma en la que él ora y se quebranta, no cabe duda de que Dios lo estaba señalando para una misión específica.

Por eso, cuando sienta en su corazón orar por un grupo de personas específicas que se identifican con una causa, o bien, considera que debe hacer algo por otras personas, no lo ignore, ofrézcase a Dios como un instrumento dispuesto y útil.

Nehemías, impactado por lo que escuchó, ayunó, buscó a Dios y confesó sus pecados. No dijo "ellos", sino "nosotros": *Entre los cuales estamos incluidos mi familia y yo, hemos pecado contra ti* (Nehemías 1:6). Nehemías hace propio el dolor de su pueblo y se dispone a ser parte de la respuesta.

Si siente que debe unirse a servir en su iglesia, hágalo; si cree que debe donar para algo específico, hágalo. Haga lo que haga, que sea con entrega, pasión y excelencia, porque ese sentir lo guiará al siguiente nivel. Si cree que su aporte es dar lo mejor que tiene para la extensión del reino, hágalo, y aproveche cada oportunidad que tenga para servir, porque eso le permitirá escribir una historia maravillosa.

El otro día escuchaba cómo una persona que había viajado a Perú desde Alemania sintió que se debía hacer algo por la comunidad más necesitada. Esta inquietud se convirtió en un deseo, y es así como nacieron los colegios Johannes Gutenberg. Estos colegios en Perú y Paraguay han ayudado a miles de niños y jóvenes. Alguien puede tener un sentir, identificar una necesidad y compartir eso con otros. Para nosotros puede ser solo un deseo, pero para Dios es toda una historia en ejecución. Así es como se entrelazan los hilos de todas las historias de Dios. Sea sensible al sentir de Dios. No tiene que ser algo espectacular; la mayoría de las veces todo comienza tan solo con un sentir, un deseo o un anhelo que, al contarlo a otros, se comienzan a escribir historias extraordinarias.

Recuerdo que yo oraba a Dios para que se escribiera una guía de educación sexual fundamentada en valores. Un día, mi amigo Reed Olson, quien en ese momento era el director de Enfoque a la Familia para América Latina, me regaló el programa *El sexo, las mentiras y la verdad*. Ese día lloré de alegría porque sabía que este programa impactaría a miles de jóvenes. Reed y yo viajamos juntos por toda América Latina, España y Puerto Rico.

Nunca imaginé que este programa cambiaría mi vida, porque fue lo que me llevó tiempo después a Enfoque a la Familia. Mi amigo Reed Olson se convirtió en mi mentor, y juntos vimos milagros que jamás imaginamos que veríamos. Reed me dio esa guía de educación sexual mientras participábamos en una reunión en México. El propósito de la reunión era otro, pero Dios había puesto en su corazón llevar algunos ejemplares para regalar, sin saber que yo estaba orando por eso. El tiempo de Dios es perfecto y las circunstancias son diseñadas por Él. Vivo agradecido con mi amigo Reed Olson porque creyó en mí, abrió puertas, y su entusiasmo siempre me hacía ver más lejos de lo que yo podía imaginar. Por eso, aprecie a los amigos que creen en usted, aproveche cada oportunidad al máximo y crea que Dios tiene planes que van más lejos de lo que podemos imaginar.

El propósito para el cual nacimos es una revelación progresiva de Su gracia y misericordia. Un cristiano apasionado por Cristo es un soñador de cosas mejores para su comunidad, un visionario entusiasta y una persona que avanza en el cumplimiento de aquello para lo que fue llamado. Siempre crea que hay algo nuevo por conquistar, porque esto le producirá pasión, dedicación y entrega.

Vivamos el presente con intensidad y plenitud, pero el presente no lo es todo, porque Dios siempre se reserva lo mejor para los años que vienen. Es por esto que Pablo decidió soltar el pasado para vivir el presente: *Hermanos, no pienso que yo mismo lo haya logrado ya. Más bien, una cosa hago: olvidando lo que queda atrás* (Filipenses 3:13). Tenemos que desarrollar la habilidad de soltar lo que ya no existe y apasionarnos por lo que Dios tiene para el futuro. Mantengamos la expectativa y la vida cobrará sentido y emoción. Esta es la forma de eliminar el aburrimiento, la apatía de nuestras vidas y fortalecer nuestra fe y confianza en Dios.

SIEMPRE CREA QUE HAY ALGO NUEVO POR CONQUISTAR, PORQUE ESTO LE PRODUCIRÁ PASIÓN, DEDICACIÓN Y ENTREGA.

Hemos sido llamados para alcanzar las metas que nos hemos propuesto, las que siempre debemos tener para ver el mañana con ilusión y alcanzar así todo aquello que se ha destinado para nosotros, y que solo descubrimos si caminamos en obediencia al llamado que palpita en nuestro corazón. No podemos conformarnos con menos. Si no soltamos el pasado, nos quedaremos atascados en las glorias antiguas, en la nostalgia. Usted decide si se queda atrapado en las heridas que le provocaron, con dolor, amargura y sin las fuerzas que necesita para realizarse en el presente. Por eso Pablo dice:

> *Una cosa hago: olvidando lo que queda atrás y esforzándome por alcanzar lo que está delante, sigo avanzando hacia la meta para ganar el premio que Dios ofrece mediante su llamamiento celestial en Cristo Jesús.*
>
> (Filipenses 3:13, 14)

ELIMINE EL AUTOSABOTAJE

+ No se descalifique porque las cosas no salieron como pensaba.

+ No se menosprecie por su origen, color de piel o su edad.

+ Elimine la crítica y sustitúyala por palabras de estímulo y afirmación.

LAS PERSONAS QUE PERSEVERAN:

+ Tienen una visión que les proyecta hacia el futuro.

+ No se rinden fácilmente.

+ Avanzan etapa por etapa.

+ Saben que pueden hacerlo bien y lo hacen.

+ Tienen la mirada fija en la meta propuesta.

+ Confían en Dios.

+ Son soñadores de cosas mejores.

+ Si fracasan, se levantan de nuevo y lo vuelven a intentar.

+ Esperan el tiempo perfecto de Dios.

+ Son optimistas.

+ Eligen bien a sus amigos y son fuente de inspiración para los demás.

+ Tienen un gran amor propio.

+ No dejan que la crítica y el menosprecio los detenga.

+ Convierten la vida en una aventura desafiante.

Nadie alcanza el éxito en una semana, lo logran quienes insisten en hacer lo correcto y superan los obstáculos. Perseverar es uno de los elementos que garantizan el éxito; pero este no existe si no insistimos en hacer las cosas bien hasta el final. Siempre debemos tener en mente la meta final, que no debe limitarse a lo que vemos o sentimos, sino a lo que el señorío de Dios determine. Deje que Dios le sorprenda, porque la vida puede llevarnos a aventuras que jamás imaginamos.

CUANDO PERSEVERAMOS

+ Las fuerzas se *renuevan*.

+ *Superamos* las pruebas.

+ *Avanzamos* paso a paso.

+ Vemos el *cumplimiento* de lo prometido.

+ Nos *mantenemos firmes* hasta el final de nuestros días.

+ *Dejamos un legado* que impacta generaciones.

Quien persevera por largo tiempo, valora más la vida y los pequeños detalles. Lo que más se valora es lo que ha sido difícil, lo que ha significado una larga espera, o bien, lo que ha sacado lo mejor de nosotros. La perseverancia desarrolla las capacidades que estaban ocultas, las que nunca habíamos visto y no sabíamos que teníamos. Crecemos a partir de los errores cometidos, porque en el camino todos vamos a equivocarnos. Con la perseverancia estamos dejando un legado para las futuras generaciones.

LO QUE VEO DETERMINA MI DESTINO.

Lo que veo en mi mente, lo que imagino y lo que sueño determinarán mi destino. Si lo veo, lo anhelo, lo deseo, lo busco y camino en esa dirección, hasta llegar al lugar correcto. Pero si no veo el destino al que debo dirigirme, no sé cómo llegar y camino sin dirección. Es entonces cuando termino siendo una mala copia de alguien más. Lo que veo determina mi destino.

José tenía sueños que le hablaban de su futuro, y esto lo emocionaba y lo hacía caminar en esa dirección. Pero sus hermanos solo iban tras sus pasiones y deseos, y estos estaban equivocados porque no sabían quiénes eran y a dónde se dirigían. Necesitamos que Dios abra nuestros ojos espirituales para ver más allá de las circunstancias, complejos y miedos. Los hermanos de José lo envidiaban, lo menospreciaban y le odiaban porque José sabía quién era, y hablaba como alguien que tenía propósito y destino.

Tenemos que elegir cómo deseamos caminar por la vida. Siendo yo un joven de 17 años, cursaba el primer año de la carrera de Derecho. Había entrado a una buena universidad, tenía una buena familia y amigos que apreciaba. La vida transitaba con normalidad. Un día fui a ver una película que me emocionó hasta las lágrimas. Era una buena historia y, en medio de la emoción de la película me cuestioné: *¿Cómo es que me emociona una película, y cuando pienso en mi vida no me sucede lo mismo?*

Unos meses después, Dios se cruzó en mi camino y me desafió a entregarle mi vida. De rodillas lo recibí como mi Señor y Salvador personal. Fue entonces cuando comprendí que mi vida nunca más sería aburrida. Y así ha sido. Amo lo que vivo y lo que hago, y Dios siempre me ha llevado más lejos de lo que he podido imaginar. Por eso no me arrepiento de haberle dado mi vida, y muchas veces en la intimidad de la oración, le doy gracias a Dios por lo que me ha permitido vivir.

Siempre he creído que la vida ha sido diseñada para sorprendernos, y lo he vivido. Lo más importante es dejarnos guiar por Dios, y Él nos llevará a cosas más grandes. Cuando estaba en la universidad formé parte de un grupo con el que evangelizábamos. Un día organizamos un concierto con mi amigo Danilo Montero, y yo predicaría al final. Habíamos repartido muchas invitaciones. Para nuestra sorpresa, solo llegó una persona… sí, estábamos un poco tristes y decepcionados.

Me sugirieron que lo suspendiéramos; pero decidí orar por unos minutos. En ese momento sentí en mi corazón que Dios me decía: *Sal y predica como si el auditorio estuviera lleno, y un día predicarás a miles.* Así que lo hice. Salí apasionado y prediqué con todo lo que tenía. Al año siguiente, organizamos un nuevo concierto en mi facultad de Derecho y, para nuestra sorpresa, el auditorio se llenó a más no poder. Cientos de personas abarrotaron el lugar. Era tanta gente que aun por las ventanas se detenían a escuchar. Solo un año después todo se multiplicó y comprendí que la pasión, la entrega, la fidelidad y la perseverancia tienen su recompensa.

Me he propuesto disfrutar cada día al máximo y agradecer a Dios todo lo que me ha permitido. Si tenemos una visión que nos inspire y ponemos manos a la obra, seremos personas que dependan de Dios, que inspiremos a otros a hacer lo correcto, a unirse con las personas correctas y realizar todo aquello que se anhela. Porque toda visión genera expectativa, ilusión y deseos de ver a Dios en cada detalle.

7

¿CUÁLES SON LOS MEJORES AÑOS DE NUESTRA VIDA? LOS QUE VIVO AHORA

He superado los 60 años y creo que estoy viviendo los mejores años de mi vida. Debo aclarar que siempre he dicho lo mismo, porque he buscado darle significado a mi existencia año con año, y he encontrado que la mejor forma de hacerlo es vivir con la mayor intensidad posible y cumpliendo el propósito de Dios en mí. Pido a Dios que me guarde en fidelidad para cumplir el plan que lleva mi nombre.

Quiero luchar por lo que amo y fijar la mirada en la meta final. Que un día, cuando lleguen los años grandes y los recuerdos inunden mi mente, pueda decir como lo dijo Pablo:

> *He peleado la buena batalla, he terminado la carrera, me he mantenido en la fe. Por lo demás me espera la corona de justicia que el Señor, el juez justo, me otorgará en aquel día; y no solo a mí, sino también a todos los que con amor hayan esperado su venida.*
>
> (2 Timoteo 4:7-8)

Me resulta necesario llevar a cabo un proceso que me permita interpretar el momento que vivo, y este proceso implicará una reflexión de varios días para encontrarme en lo íntimo con Dios y conmigo mismo. Me es necesario levantar la mirada hacia el futuro y pedirle a Dios que me permita comprender lo que sigue, que me llene de ilusión y renueve mis fuerzas. Porque si una persona no toma el tiempo necesario para interpretar la etapa que está viviendo, podría quedarse atrapado en las victorias del pasado, permaneciendo en los traumas que le causaron las traiciones, el abuso y el abandono.

Pero la vida tiene significado, mucho de ello está en lograr vivir el presente a plenitud, sin la ansiedad de un futuro que aún no llega o la nostalgia de un pasado que ya se marchó. Por eso, le animo a vivir su propia experiencia para darle significado al presente, y que lo vivido hoy sea la plataforma para los años por venir. Si usted se compromete con esto, su vida se transformará porque se estará proyectando hacia un futuro con mucha ilusión.

Nunca lo olvide: el presente es el resultado de las decisiones tomadas en el pasado y la plataforma del futuro que un día llegará. Le dejo con algunas de mis reflexiones en estos mis 60 años, los mejores años de mi vida.

En un extenso estudio publicado por *New England Journal of Medicine* se encontró que la edad más productiva en la vida del ser humano es entre los 60 y los 70 años. También se ha dicho en esta y otras investigaciones que la segunda etapa más productiva del ser humano es de los 70 a los 80 años. Por lo tanto, estoy viviendo los mejores años de mi vida. Esto me llena de expectativa, ilusión y ánimo. Pero no podemos ignorar lo que varias investigaciones también han señalado, que la tercera etapa más productiva es de los 50 a los 60 años.

Seguro que se está preguntando por la etapa que usted está viviendo. Debo decirle que la intensidad de su vida no la mide una investigación o la opinión de un experto. Para lograr que su edad sea la más productiva y emocionante, quien debe determinarlo es usted mismo. Yo he vivido intensamente la vida desde que Dios entró a mi corazón a mis 18 años; momento en el que sentí que Él me decía que nunca sería una vida aburrida y que estaría llena de aventuras maravillosas. Hoy puedo decirle que siempre ha sido así desde aquel día, nunca mi vida ha sido aburrida, sino todo lo contrario, emocionante, desafiante, llena de obstáculos, retos, alegrías, amigos y, sobre todo, de milagros maravillosos que solo Dios puede hacer.

Hoy tengo el privilegio de recordar con alegría el pasado y proyectarme al futuro con ilusión, y mientras lo hago, disfruto al máximo el presente que vivo. Esto se logra al darle significado al presente al aprovechar cada oportunidad que la vida nos ofrece.

Pero volvamos a mi reflexión sobre mi década de los sesenta que me está tocando vivir.

La Academia Nacional de Medicina de Colombia publicó una información muy interesante sobre el desarrollo del potencial. Dicen que la edad promedio de los ganadores del Premio Nobel es de 62 años. También que la edad promedio de los presidentes de las compañías más prestigiosas en el mundo es de 63 años. Añaden que la edad promedio de los pastores de las 100 iglesias más grandes de Estados Unidos es de 71 años; y que la edad promedio de los Papas es de 76 años. Concluye esta prestigiosa revista que los mejores años de nuestra vida son entre los 60 y los 80 años. De tal modo que cuando llegué a mis 60 años me dije a mí mismo que estaban por venir *los mejores años de mi vida*, y este pensamiento me está permitiendo vivir con ilusión y gran expectativa.

La historia bíblica nos confirma que la edad no es determinante para vivir grandes aventuras. Moisés inició su misión de guiar al pueblo de Israel a la tierra prometida a los 80 años; Abraham fue llamado a la misión más importante de su vida a los 75 años; David era un adolescente cuando fue llamado a ser rey de Israel; y Jeremías tenía unos 22 años cuando inició su ministerio; y no olvidemos a Samuel, quien escuchó por primera vez a Dios a los 8 años.

Frente a esto, concluyo que los mejores años de la vida son los que usted está viviendo ahora. Pero para que se conviertan en eso, deben vivirse con sentido de misión y aceptar que su existencia no es un capricho de la naturaleza, ni un error de sus padres, sino el cumplimiento de un propósito divino. Si alguien considera que su vida es un error, será difícil darle significado. Si usted cree que es una víctima de lo que otro hizo, vivirá resentido con la gente que lo rodea. Por tanto, si no descubre su potencial, vivirá como un mediocre que se queja por todo. Pero Dios no se equivocó en ningún detalle con nosotros. Somos el fruto de Su amor, el cumplimiento de un plan maravilloso. Así lo reconoce David en el Salmo 139:

> *Tú creaste mis entrañas; me formaste en el vientre de mi madre. ¡Te alabo porque soy una creación admirable! ¡Tus obras son maravillosas, y esto lo sé muy bien! Mis huesos no te fueron desconocidos cuando en lo más recóndito era yo formado, cuando en lo más profundo de la tierra era yo entretejido. **Tus ojos vieron mi cuerpo en gestación: todo estaba ya escrito en tu libro; todos mis días se estaban diseñando, aunque no existía uno solo de ellos.**__* (Salmos 139:13-16)

Todos debemos vivir en este nivel de comprensión sobre la vida. Nuestra historia se ha escrito en el cielo, y tengo el anhelo de vivir cada día con la intensidad y la pasión de uno que sabe que no es un error de la naturaleza, sino el cumplimiento de un plan divino. No quiero vivir la historia que escribe la rebeldía, la indiferencia, el resentimiento o la mediocridad. Dios nos ayude a vivir en la dimensión que describe David.

Resista la tentación de resentirse contra la vida, renuncie al egoísmo, al aislamiento y a todo aquello que lo someta a un viaje de soledad y angustia. Si enfoca usted bien su vida con base en lo anterior, se concentra en lo que lo apasiona y se ocupa en desarrollar su potencial, no importará la edad que usted tenga, estará viviendo los mejores años de su existencia. Y entre más pasen los años, añadirá sabiduría a su forma de vivir.

Cada uno de nosotros tiene que interpretar la vida para darle sentido al presente que vive y vivirlo a plenitud. Porque si no lo hacemos, en algún momento, a cualquier edad madura, tocará a la puerta una crisis existencial, y estas atacan especialmente cuando se está donde no se quiere o se debe estar, provocando otra crisis, la de la identidad. Existe lo que se llama "la crisis de la mediana edad", en donde tratamos de aparentar cosas para probar que aún somos jóvenes, cuando ya no lo somos. Si negamos el momento que vivimos y no aceptamos la edad que tenemos, caemos en una crisis existencial que nos robará la alegría de vivir.

Hemos idealizado la juventud y la apariencia. Por eso los adultos se pueden volver adictos a las cirugías plásticas, o bien, tratamos de quitarnos la edad y pretendemos vivir de la apariencia. Pero la apariencia es efímera, la imagen física cambia con el tiempo y debemos aprender a vivir siendo quienes somos en la edad en la que estamos hoy. La edad más extraordinaria es la que usted está viviendo, y para lograr disfrutarla al máximo, tiene que amar el presente, vivir con sentido de destino y realizarse al máximo en lo que hace. ¿Cómo lograrlo?

+ *Acepte* su edad como un regalo de Dios y viva el presente como el mejor momento de su existencia.

+ *Perdone* a quien le abandonó o le hizo daño. El perdón nos libera del pasado y permite vivir el presente en paz y libertad.

+ *Aprecie* el camino recorrido y aprenda de la experiencia que ha vivido.

+ *Valore* los recuerdos; pero no se quede añorando el pasado, porque no regresará. El pasado ya no existe, solo tenemos el recuerdo de lo vivido, y de él debemos atesorar los buenos momentos, las lecciones aprendidas y a los amigos del camino.

+ *Llene su vida de gratitud*, contentamiento y decida ser feliz.

+ *Tenga un proyecto de vida* que lo desafíe y saque lo mejor de usted. Manténgase ocupado y enfocado en hacerlo adelantar. Siéntase productivo, útil y sirviendo con pasión a los demás.

+ *Vea el mañana* con ilusión y esperanza.

+ *Únase* a las personas correctas. Las que sueñan, las que tienen ilusión y salud emocional.

+ *Aléjese* de las personas tóxicas. Las que roban la fuerza, la fe y la esperanza.

+ *Cuídese* física, emocional y espiritualmente. Haga ejercicio, camine, tome el sol de la mañana y deje que la naturaleza le cautive.

+ *Disfrute y diviértase* mientras camina por la vida.

+ *Baje el ritmo,* observe con detenimiento y viva a plenitud el momento. Esto nos ayuda a construir recuerdos y, con el tiempo, se convertirán en su mayor tesoro.

+ *Haga amigos* donde quiera que esté. Llámelos, ría con ellos y déjese amar por los que le aman.

+ *Tenga el corazón de un discípulo.* Es decir, sea alguien que desea crecer, aprender y mejorar. Esto reta nuestra mente y forma el carácter.

- *Anticipe* económicamente el futuro: ahorre y viva en paz financiera.

- *Construya* un legado que impacte generaciones. Esto lo llenará de ilusión y vida.

- *Defina claramente la meta final*: ¿a dónde le gustaría terminar sus días?, ¿qué le gustaría haber alcanzado?, ¿con quién le gustaría terminar sus días? El éxito no lo define cuánto dinero tenemos o cuántas casas poseemos; lo define cuánto amamos a nuestra familia y disfrutamos a nuestros amigos.

La persona más exitosa es la que más ama, la que sirve a los demás y se realiza en todo lo que hace. Seremos personas exitosas cuando lleguemos al final de nuestros días con recuerdos que nos saquen sonrisas, con historias que contar, con la certeza de que recorrimos el camino señalado en el cielo y con la alegría de haber amado a nuestra familia.

CALEB: UNA HISTORIA DE PERSEVERANCIA

En la historia de Caleb se nos enseña que debemos insistir hasta el final de nuestros días porque, aunque la visión tarde en cumplirse, debemos mantener viva la ilusión; esto sin duda renueva las fuerzas día con día. Resalto ahora algunos detalles de la historia de Caleb.

Los descendientes de Judá se acercaron a Josué en Guilgal. El quenizita Caleb hijo de Jefone le pidió a Josué: «Acuérdate de lo que el **Señor** **le dijo a Moisés, hombre de Dios, respecto a ti y a mí en Cades Barnea. Yo tenía cuarenta años cuando Moisés, siervo del Señor, me envió desde Cades Barnea para explorar el país, y con toda franqueza le informé de lo que vi. Mis compañeros de viaje, por el contrario, desanimaron a la gente y le infundieron temor. Pero yo me mantuve fiel al Señor mi Dios. Ese mismo día Moisés me hizo este juramento: "La tierra que toquen tus pies será herencia tuya y de tus descendientes para siempre, porque fuiste fiel al Señor mi Dios". Ya han pasado cuarenta y cinco años** *desde que el Señor hizo la promesa por medio de Moisés, mientras Israel peregrinaba por el desierto;* **aquí estoy este día con mis ochenta y cinco años: ¡el Señor me ha mantenido con vida!** *Y todavía mantengo la misma fortaleza que tenía el día en que Moisés me envió. Para la batalla tengo las mismas energías que tenía entonces.* **Dame, pues, la región montañosa que el Señor me prometió en esa ocasión.** *Desde ese día, tú bien sabes* *que los anaquitas habitan allí, y que sus ciudades son enormes y fortificadas. **Sin embargo, con la ayuda del Señor los expulsaré de ese territorio, tal como él ha prometido».** Entonces Josué bendijo a Caleb y le dio por herencia el territorio de Hebrón.*

(Josué 14:6-13)

Lo que acabamos de leer puede resumirse de esta manera: *viva con la expectativa de recibir la herencia que un día le fue prometida.*

Caleb, 45 años después de haber vivido una experiencia que afirmó sus convicciones y le hizo confiar en Dios, tenía su fuerza, su pasión, su visión y sus convicciones intactas. Así que no se rinda y siga hasta el final. Caleb, 45 años después, tomó en posesión la tierra que le había sido prometida. Siga, aunque otros quieran que abandone, aunque nadie le crea, aunque digan que usted no tiene la inteligencia o las habilidades para lograrlo. No estamos aquí porque somos muy inteligentes o capaces; estamos aquí porque Dios así lo dispuso y porque decidimos caminar en obediencia hasta el final. De modo que no se rinda, ni se deje intimidar por lo que digan los demás. Su historia de vida está en las manos de Dios y no depende de lo que los demás crean de usted.

Sus mejores años son ahora, aprovéchelos de la mejor manera. Únase a las personas correctas, las que han decidido llegar y luchar hasta el final. Aléjese de los rebeldes, de los que critican todo, de los que dan vuelta en el desierto y nunca llegan. Únase a las personas de fe, a los que dan fruto y tienen esperanza. De toda una generación, solo dos personas llegaron a la tierra prometida. Sea de los que llegan y toman posesión del cumplimiento de la promesa.

VIVA CON LA EXPECTATIVA DE RECIBIR LA HERENCIA QUE UN DÍA LE FUE PROMETIDA.

Yo tenía cuarenta años cuando Moisés, siervo del Señor, me envió desde Cades Barnea para explorar el país, y con toda franqueza le informé de lo que vi. Mis compañeros de viaje, por el contrario, desanimaron a la gente y le infundieron temor. Pero yo me mantuve fiel al Señor mi Dios. (Josué 14:7, 8)

Solo hay dos equipos: los que lo critican todo y no hacen nada, y los que ven lo que Dios ve y caminan en pos de lo prometido. Vivir así es hacerlo con ilusión y expectativa por el futuro.

Ni un solo hombre de esta generación perversa verá la buena tierra que juré darles a sus antepasados. Solo la verá Caleb hijo de Jefone. A él y a sus descendientes les daré la tierra que han tocado sus pies, porque fue fiel al Señor. (Deuteronomio 1:35, 36)

En cambio, a mi siervo Caleb, que ha mostrado una actitud diferente y me ha sido fiel, **le daré posesión de la tierra que exploró, y su descendencia la heredará.** (Números 14:24)

Todos tendremos que explorar la tierra que un día vamos a poseer, y por lo regular en un principio parecerán territorios hostiles, imposibles de conquistar en nuestras fuerzas. Pero si Dios nos ha dicho que los vamos a alcanzar, lo haremos. Aunque no seamos nosotros los que veamos el fruto de lo prometido, serán nuestros descendientes. Mi mamá nos hablaba desde niños de lo que un día lograríamos; sus palabras nos han inspirado siempre. Aunque partió con Dios hace más de 33 años, sus valores, su ejemplo, su perseverancia y, sobre todo su visión de lo que podíamos ser y hacer nos han permitido alcanzarlo. Mamá era una mujer que siempre creía que lo imposible se podía alcanzar y nada la detenía.

Esta sociedad necesita personas que al igual que Caleb le crean a Dios, aunque los obstáculos sean difíciles y parezcan imposibles de alcanzar.

Dios renovará sus fuerzas cuando cruce el desierto, formará su carácter en medio de la adversidad, y estará con usted durante todo el camino. Inspírese en la promesa: **Con la ayuda del Señor los expulsaré de ese territorio, tal como él ha prometido** (Josué 14:12).

Pelee sus batallas, nadie más lo hará por usted. Sea de los que perseveran hasta el final. Sus mejores años son los que está viviendo hoy y son la plataforma que establecerá para las generaciones que vendrán después de usted. ¿Quiere que los suyos vivan con sentido de destino? Nos los deje a la deriva viviendo estos años a puro viro de timón, sin dirección alguna. Descubra los planes de Dios para usted, apasiónese y sígalos.

ACERCA DEL AUTOR

Sixto Porras es el vicepresidente de Ministerios Hispanos de Enfoque a la Familia. Es una autoridad internacional reconocida como consejero de familia y conferencista. Ha publicado diversos libros, entre ellos, *Hijos exitosos, El lenguaje del perdón, Cree en ti y el Devocional El arte de perdonar.*

Reside en Costa Rica junto a Helen, su esposa durante más de 34 años, y tienen dos hijos y tres nietos: Daniel, casado con Rocío, son los padres de Emiliano y Mateo; y Esteban, casado con Dyane, son los padres de Eva.

https://www.enfoquealafamilia.com/sixto-porras/

https://www.facebook.com/sixtoenfoquealafamilia

instagram.com/sixtoenfoquealafamilia/?hl=en

https://twitter.com/sixtoporras?lang=en

YouTube/Sixto Porras